AF452969

DE

LA RÉVOLUTION

et de

LA RELIGION.

SENLIS.

IMPRIMERIE DE MADAME VEUVE TREMBLAY,
Rue Neuve-de-Paris, n. 5.

DE
LA RÉVOLUTION,

de ses principales causes,

ET DE

LA RELIGION

CONSIDÉRÉE

COMME UN RÉSULTAT PRÉSUMABLE DE CETTE RÉVOLUTION.

———————

Magnus rerum nascitur ordo.

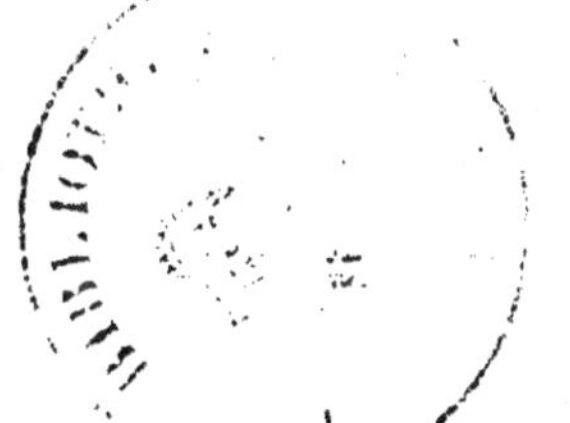

PARIS,

Chez L'ÉDITEUR, RUE MÉHUL, N° 2;
TREUTTEL ET WURTZ, LIBRAIRES,
RUE DE LILLE, N° 17;
J. J. RISLER, LIBRAIRE,
RUE DE L'ORATOIRE, N° 6.

——

1833.

DE

LA RÉVOLUTION

et de

LA RELIGION.

Magnus rerum nascitur ordo.

Quand on considère ce qui se passe depuis un demi-siècle en Europe, et surtout en France, nécessairement on observe, on réfléchit, et l'on est conduit à des conjectures, à des présomptions ; on est comme forcé de se composer une opinion. Fût-on optimiste ou même stupidement apathique, on se sent entraîné naturellement à chercher quelle pourrait être la cause de tant d'événemens frappans et insolites qui se pressent tumultuairement ; de cette oscillation tantôt accélérée, tantôt ralentie, que toute la sagesse humaine s'efforce en vain de fixer et de régulariser.

Cependant les hommes, pour la plupart, s'en prennent à la politique, au hasard, au destin, et sans aller plus loin, attendent, non sans murmurer, des jours moins mauvais. S'il en est qui se décident et se conduisent d'après des principes, ils attendent aussi, mais c'est en se résignant, et ils finissent par reconnaître ici *le doigt*, c'est-à-dire la volonté ou la permission de la Providence, les décrets de l'Être qui a exclusivement le droit de revendiquer les attributs imposans dont quelques-unes de ses créatures osent se décorer, de l'Être qui est éternellement et réellement très-haut, très-grand, tout-puissant, seul saint, seul Seigneur; et ils croient le voir rétablir peu à peu l'harmonie dans ses œuvres par un conflit entre sa sagesse et nos passions, entre le bien et le mal, afin d'amener *la restauration*, non des trônes renversés, non des prétendus priviléges de la tyrannie, mais du lien divin qui peut seul rapprocher de lui le genre humain égaré, et replacer sur ses fondemens primitifs la société détournée de ses voies; enfin de faire renaître dans le monde l'ordre qui y est si nécessaire et qu'il nous importerait tant d'y voir régner.

Ainsi nous pouvons dire qu'il y a deux choses, la religion et la révolution, qui occupent maintenant plus ou moins les esprits. Les occupent-elles utilement? Se forme-t-on de l'une et de l'autre l'idée qu'il conviendrait d'en avoir? On s'en entretient beaucoup; mais que de réflexions oiseuses et sans résultats! Nous parlons de la révolution comme d'une série d'événemens extraordinaires qui vont apparemment prendre fin. Ce qui est violent ne dure pas, dit-on vulgairement, et avec raison; mais on n'examine guère s'il y a connexité entre ce grand tourbillon qui agite, qui tourmente les hommes, et ce qui peut avoir rapport à chacun en particulier.

Et sur la religion, que n'a-t-on pas dit, que n'a-t-on pas écrit depuis des siècles! Y a-t-elle gagné beaucoup? En est-elle plus florissante et mieux connue? Fille du ciel, aussi ancienne que le monde, et devant durer autant que le monde, sans doute elle a droit à toute la vénération de l'homme : cependant sait-il l'apprécier, sait-il en reconnaître tous les bienfaits? Combien au contraire n'abuse-t-il pas et du mot et de la chose! On en est venu jusqu'à parler religion comme on parle diplomatie, guerre, trafic, spectacle, etc. Chacun se croit en droit de dire assez lestement son mot, son sentiment sur un sujet aussi grave, aussi respectable, et souvent le traite de manière à le flétrir, à le dégrader. La religion, disent les uns, est une invention des prêtres, un moyen pour eux de dominer et de s'enrichir. C'est, disent les autres, un épouvantail que les souverains présentent à leurs *sujets* pour mieux les asservir. Celui-ci trouve que c'est une terreur utile pour élever les enfans; celui-là que c'est un frein pour arrêter la fougue des peuples. Tel vous dira d'un ton libre et un peu mercantile : C'est une branche de commerce comme une autre, dont on tire parti quand on a l'occasion et le talent de l'exploiter : témoins ceux qu'on voit prospérer quand elle est de mode et en vogue. Tel autre dira gravement : Être honnête homme et ne faire tort à personne, voilà toute la religion, ou ce qui en peut tenir lieu; cependant, puisque nos pères, daigne-t-il ajouter, avaient une religion, du moins en apparence, il est bon de les imiter. Le demi-philosophe se dit : Tenons aux dehors de religion, mais ni trop ni trop peu, de peur de nous compromettre; il faut que ce soit une sorte d'habitude, une manière d'être qui se règle sur les circonstances où l'on se trouve.

Ces définitions et ces opinions, plus absurdes les unes que les autres, ont peut-être encore moins désolé la religion véritable et proprement dite que n'ont fait trop souvent la superstition, le fanatisme, l'hypocrisie, l'ambition, l'immoralité, le libertinage, l'impiété. Cette horrible kirielle de passions hideuses a profané, avili le moyen divin de rendre meilleure et plus heureuse l'espèce humaine. Elles nous offrent partout et sans cesse le tableau des abus qui ont couvert la terre de larmes et de sang. Or, à la vue ou au récit de telles abominations, bien des hommes s'écrient, tant ils sont ingrats et inconséquens : *Faut-il que ce soit la religion elle-même qui suggère et enfante tant de maux!* Et l'on se hâte de conclure qu'elle n'est qu'une institution purement humaine 'qu'il faut abolir, ou tout au moins laisser tomber en désuétude et en oubli.

L'homme sage ne prendra pas ainsi à la légère sa détermination. Il examinera scrupuleusement si ce n'est point un don du ciel qui se serait détérioré dans des cœurs et des mains qui souillent et corrompent tout, et s'il n'aurait pas pour grande fin de nous rendre utiles les uns aux autres, et plus heureux, non pas seulement dans cette vie, mais aussi dans la vie future. Avant de répudier, d'abandonner la religion, il tâche de l'apprécier, d'en rechercher la nature, l'origine et quel bien peut en procéder.

Pour modèle de cette prudence, de cette circonspection, nous citerons un publiciste profond et sage, homme d'honneur et de génie, généralement estimé, et qui pouvait à bon droit se placer au-dessus de certains coryphées du déisme qui n'ont souvent que le mérite et le talent de fronder. Dans un ouvrage solide et consciencieux qui lui a coûté plus de trente années de recherches et de méditations, dans lequel il présente franchement ses opinions religieuses et sa profession de foi (*de la Religion, considérée dans sa source*, etc.), Benjamin-Constant dit, entre autres choses très-remarquables : « Il existe dans l'homme un sentiment particulier qui fait le fond de toutes les religions. Ce sentiment précieux ne vient ni de l'esprit qui le sert, ni de la peur qui l'exalte, ni de l'intérêt qui se mêle à tous ses actes, ni des diverses affections terrestres qui se placent sous sa protection. Il existe indépendant, et il revêt différentes formes qui deviennent les religions. Le temps, les lumières croissantes du genre humain, ses découvertes sur la nature et sur lui-même, éloignant sans cesse devant lui les bornes de l'inconnu, lui font comprendre ce qu'il déifiait, éclairent le sentiment religieux, simplifient ses croyances et perfectionnent ses formes. »

La manière de voir et de raisonner de cet honorable

citoyen est confirmée par l'histoire, puisqu'elle nous atteste que dans tous les temps les hommes ont unanimement reconnu l'existence d'une religion naturelle. Ils l'ont proclamée comme une institution divine, et ils étaient persuadés que l'Éternel avait suppléé à son insuffisance par une révélation positive qui en est comme la sanction, le couronnement; en sorte que cette religion primordiale sert de base à tous les cultes. Or, ce fond de religion, cet instinct divin qu'il est difficile, impossible même de méconnaître, ne seraient-ils qu'un préjugé, une illusion? Le soi-disant athée et l'homme qui n'est qu'érudit et superficiel le croient ou feignent de le croire, et cette croyance fait décision pour eux; mais ceux qui n'osent trancher ainsi et dédaigner cette relation que le Très-Haut veut bien établir entre lui et l'homme, quel parti ont-ils à prendre? Celui que leur suggèrent la présomption et le respect humain? Se décideront-ils à s'élancer dans les hautes régions où planent tant de personnes tout au moins téméraires, et soutenues par leur sot orgueil, qui ne laissent tomber sur eux que des regards de pitié et de mépris? ou, plus conséquens et sagement timides, se contenteront-ils de marcher terre à terre, comme cette même religion et la raison le leur conseillent? Sachant qu'ils ne sont en ce monde que pour opérer leur amélioration, et que, n'ayant pas les forces suffisantes pour y travailler avec succès, ils ont indispensablement besoin du secours qu'un Être puissant et bon offre à un être faible, ignorant et humble, ne seront-ils pas induits à écouter l'enseignement de la Providence, à ouvrir les yeux à la lumière de la sagesse incréée, à profiter de ce sentiment intime, de ce développement du germe déposé dans l'âme humaine? Enfin n'admettront-ils pas avec confiance, avec reconnaissance même, des manifestations directes et surnaturelles de la Divinité? N'admettront-ils pas celles qui sont faites à

Moïse, sans lesquelles on ne pourrait s'expliquer, dit l'écrivain célèbre dont nous venons de parler, l'apparition du théisme dans un temps et chez un peuple barbares ; et celles de l'Évangile, sans lesquelles la régénération de l'homme paraîtrait également inexplicable ? Enfin, étant dans l'ignorance des choses divines, étant incapables de tirer de la lumière de la nature quelque connaissance réelle de l'existence de Dieu et de ce qui les attend après cette vie, faudra-t-il qu'ils se regardent comme dénués de tout moyen qui supplée à cette connaissance si nécessaire ? D'abord hésiteront-ils à se persuader que l'amour sans bornes et incompréhensible qui a porté le Tout-Puissant à les tirer du néant le portera de même à les éclairer ; que celui qui leur a donné l'existence ne peut leur refuser sa lumière, cette révélation enfin par laquelle le ciel communique avec la terre, par laquelle il s'établit une conjonction intime et inappréciable entre Dieu et nous ; cette révélation contre laquelle néanmoins protestent et s'élèvent aujourd'hui tant de personnages censés instruits ? Pourquoi faut-il que nous voyions parmi eux le grand homme qui a si énergiquement et si éloquemment défendu la divinité du Verbe ou de la Parole contre l'incrédulité ; que nous le voyions renverser d'une main ce qu'il semble avoir élevé de l'autre, et détruire la force de si beaux raisonnemens par ses arguties, ses paralogismes, ses réticences, son hésitation ?

Nous n'avons ni la hardiesse ni l'intention de nous mesurer avec Rousseau ; mais il nous semble qu'un chrétien sincère et modeste pourrait avec quelque avantage employer cette rétorsion : Sans me croire *meilleur raisonneur ou mieux instruit* que vous, *je sens pour moi l'utilité de la révélation, et j'en sens* aussi *la vérité,* parce que je suis dans la ferme persuasion que le Docteur unique, le Docteur céleste qui me l'annonce et me l'accorde, si je m'ef-

force de m'en rendre digne, ne saurait me tromper. Comme vous, *j'avouerai que la majesté des Écritures m'étonne, que la sainteté de l'Évangile parle à mon cœur.* Comme vous, je le mettrai bien au-dessus des autres livres, et comme vous aussi j'ajouterai : *Avec tout cela, ce même Évangile est plein de choses incroyables.* A votre exemple, je dirai : *Que faire au milieu de ces contradictions ? Être toujours modeste et circonspect, respecter en silence ce qu'on ne saurait ni rejeter ni comprendre, et s'humilier devant le grand Être qui seul sait la vérité. Je servirai toujours Dieu dans la simplicité de mon cœur. Je ne chercherai à savoir que ce qui importe à ma conduite. Je regarderai toutes les religions particulières comme autant d'institutions salutaires. Je les croirai toutes bonnes quand on y sert Dieu convenablement.* (ÉMILE.)

Mais, n'oubliant pas que *je suis homme et sujet à l'erreur,* je ne prendrai point un ton dogmatique et décisif; je ne prononcerai ni avec hauteur ni avec dépit, et je ne me jeterai point dans un scepticisme qui me mènerait à l'indifférence, à l'irréligion, peut-être au désespoir. Repoussant toute arrière-pensée, toute intention perfide, *je commencerai par mettre ma conscience en état de vouloir être éclairée.* Je ne m'abuserai pas au point de croire que je dois comprendre de moi-même les saints écrits comme on peut comprendre des ouvrages profanes. Je me rappellerai sans cesse que Dieu est le maître de rendre sa parole compréhensible quand et à qui il lui plaît, et qu'il est impossible que nous en saisissions le sens s'il n'en donne l'intelligence. Ne dit-il pas expressément : « Mon secret est à moi? » (ISAÏE, XXIV.) De quel droit prétendrions-nous le pénétrer, le surprendre, si nous n'avons, pour ainsi dire, un vase net et bien préparé, un récipient où il puisse être déposé? Ne nous y trompons point : cette perception, cette compréhension ou cette faculté de voir des yeux de l'âme sont le prix de l'amour du Bien et du Vrai, c'est-à-dire un don réservé à une conscience pure et droite, et spécialement à un cœur humble. Pourquoi, s'il y a quelque ressemblance entre nous et les Juifs, ne serions-nous pas traités comme eux, surtout si Dieu voit en nous trop de suffisance? N'est-il pas comme forcé alors de nous laisser dans notre aveuglement? En effet, il tient caché pour les superbes, pour ceux qui sont sages à leurs propres yeux, ainsi qu'il le dit, ce qu'il révèle aux humbles, avec lesquels il peut communiquer, parce qu'il est humble lui-même; et c'est par une extrême bonté qu'il nous tient dans les ténèbres de l'ignorance. Il voulait instruire les Juifs, et il ne leur parlait qu'en paraboles, de manière à n'être pas compris entièrement et facilement, parce qu'il prévoyait que, s'il *ouvrait le sens* à ces hommes grossiers, plongés dans les affections naturelles et corporelles, et qu'ils vinssent à découvrir la vérité et à la reconnaître au point de la sentir intérieurement, ils en abuseraient, la profaneraient, et par là se rendraient horriblement coupables, puisque leur crime serait directement contre le Saint-Esprit, Vérité suprême, Vérité éternelle. Le Seigneur ne parlait alors que pour des oreilles qui n'étaient point fermées par la mauvaise foi et par la prévention. « Que ceux qui ont des oreilles pour entendre, disait-il souvent, comprennent. » Sa Parole étant essentiellement sainte, elle ne doit jamais être exposée à l'irrévérence, au mépris. Elle se présente donc sous deux sens, l'un interne, l'autre externe : sous l'interne, elle est toute brillante de gloire, et offre un développement merveilleux de sagesse divine et d'amour divin, tandis que sous l'externe elle est comme une nuée qui intercepte les rayons de la lumière céleste, afin de défendre le contenu intérieur contre l'œil fantastique et indiscret de la curiosité et contre le danger de la profanation. (Isaïe, IV.)

Écoutons le pieux et savant Pascal ; ce qu'il dit du voile que le peuple juif avait sur les yeux est pour nous une instruction précieuse : « L'Écriture sainte, dit-il, a un sens spirituel qui est couvert d'un autre en une infinité d'endroits, et il est découvert dans quelques-uns, rarement, à la vérité, mais en telle manière néanmoins que les endroits où il est couvert sont équivoques et peuvent convenir aux deux, tandis que les endroits où il est découvert sont univoques et ne peuvent convenir qu'au sens spirituel ; de sorte que cela ne pouvait induire en erreur, et qu'il n'y avait qu'un peuple aussi charnel que le peuple juif qui pût s'y méprendre. » (*Pensées*, 2ᵉ partie.)

Nous courons donc les mêmes risques si nous lui ressemblons sous ce rapport, si, obstinés comme lui, nous ne nous astreignons pas à lire sous les auspices du Seigneur, et, pour ainsi parler, sous ses yeux, la divine Parole ; si nous nous flattons de la comprendre de nous-mêmes. Nous serons exposés à rester dans le sens de la lettre, et à rencontrer souvent *des choses qui effectivement répugnent à la raison, et qu'il est impossible à tout homme sensé de concevoir et d'admettre.* (ROUSSEAU.) Nous trouverons que Dieu, qui est au-dessus de toute passion, se met en colère, en fureur ; qu'il se venge, qu'il nous induit en tentation, tandis qu'il n'en est absolument rien, et que c'est nous qui nous laissons emporter par nos passions, par des mouvemens désordonnés ; tandis que nous osons attribuer à un Être souverainement parfait ce qui ne saurait jamais être imputé qu'à nous. Enfin nous voyons dans Dieu ce qui est réellement en nous-mêmes ; et en cela nous imitons un criminel qui vient d'entendre prononcer un arrêt contre lui, et qui crie en furibond à l'injustice, à la cruauté, parce qu'il prétend que ses juges ont été iniques ou trop sévères ; et cependant, aux yeux de tout homme non prévenu, non aveuglé par la frénésie, ils sont parfaitement intègres et irréprochables. Ils sont les organes fidèles de la loi qui avait décerné la peine.

Ajoutons à cela que l'homme qui est abandonné à lui-même, restant presque toujours purement naturel et sensuel, sans s'élever et atteindre à la spiritualité, à laquelle il est cependant appelé, pense, d'après le sens de la lettre, que, tout venant de Dieu, nécessairement les maux, tels que les tentations, les épreuves pénibles, les contrariétés, les maladies et autres fléaux, nous sont envoyés par ce Père qui n'est pourtant que bonté. Il est vrai que ce sont des moyens dont il se sert pour nous détourner du mal et nous ramener au bien, sans toutefois rien changer dans notre libre arbitre. Mais nous outrageons notre suprême bienfaiteur quand nous le regardons comme l'auteur des maux qui sont directement ou indirectement notre ouvrage, ou des accidens qu'il ne pourrait empêcher sans miracle.

Partout donc où se rencontrent des expressions contraires à l'essence de Dieu, elles doivent être interprétées comme se rapportant uniquement à la méchanceté des hommes qui jugent volontiers selon l'état pervers de leur cœur et de leur esprit. Comme il leur semble, quand ils reçoivent le châtiment dû à leurs crimes, qu'il leur est infligé par le Seigneur lui-même, parce qu'il ne les en délivre pas immédiatement, d'après cette apparence, la colère, l'emportement lui sont fréquemment attribués dans l'Écriture sainte, quoique rien ne puisse en réalité être plus étranger à l'essence divine.

Persuadons-nous bien que nous lirions toute notre vie la Parole de Dieu sans la comprendre comme il est important qu'elle soit comprise; qu'elle resterait toujours énigmatique pour nous, à cause du voile ou du nuage qui la couvre quand c'est l'œil du préjugé, de l'ignorance, de l'arrogance et de la malignité qui la contemple.

Ce n'est pas assez, pour juger convenablement de la religion et en avoir des idées solides et saines, d'avoir observé dans quelles dispositions il faut être pour lire l'Écriture avec fruit et sans errer; il est bon d'observer encore qu'il est d'une égale importance de savoir bien positivement quelle doctrine contient ce code sacré, quelles œuvres il nous prescrit, et surtout quelle relation il établit entre le Créateur et le genre humain : car la connaissance de Dieu n'est pas une science spéculative; elle est toute pratique, et pour qui désire l'acquérir il y a beaucoup plus à faire qu'à savoir. Or, c'est cette relation si glorieuse et si honorable pour nous qui est ce que nous appelons religion, et c'est la religion qui recommande, règle et dirige le culte. Mais qu'est-ce que le culte? On sait en général que c'est un honneur que nous rendons ou voulons rendre à l'Être immortel en nous humiliant devant sa redoutable majesté; non que nos prosternations et notre abaissement spontané et humble puissent rien ajouter à sa gloire, à sa puissance : tout est à lui, tout vient de lui; que pourrait-il recevoir de nous? Mais, par cet hommage d'un entier dévouement, et par une prière brève et fervente comme celle de l'ingénu publicain, nous reconnaissons du fond du cœur notre dépendance; et alors notre *propre*, je veux dire l'amour excessif et exclusif de nous-mêmes s'anéantissant en quelque sorte et n'opposant plus d'obstacle, la Divinité daigne influer en nous et préparer l'œuvre de notre réformation.

Ainsi notre culte, bien compris et mieux défini qu'il ne l'a été depuis que chacun en parle, et souvent à tort et à travers, est pour nous-mêmes un moyen simple d'amélioration; et si l'Éternel exige un culte, c'est moins pour réclamer de sa créature un tribut, une dette, que pour lui ménager un bienfait. Mais pour obtenir cet inappréciable bienfait, il faut s'instruire autant qu'il est possible des rérités de l'Écriture ou de la Loi, et faire de ces mêmes vérités la règle de sa conduite, parce que c'est là le moyen de se régénérer, de devenir meilleur, de se rendre digne d'honorer et de glorifier Dieu.

Comment donc prétendre faire consister cet hommage dans des prières prolixes et méthodiques, qui deviennent devant le Seigneur un babil, un parlage familier comme seraient celles des païens; dans des pratiques minutieuses et insignifiantes, des marches graves appelées processions ou pèlerinages, une musique triste, monotone et même burlesque, des luminaires sans nombre symétriquement disposés, un carillon puéril et importun, des sermons qui ne nous apprennent rien et ne nous amendent guère, des cérémonies fastueuses et niaises, des quêtes et des offrandes faites pour entretenir un luxe théâtral qui s'accorde si peu avec la sainteté des temples, des offices célébrés par manière d'acquit, tarifés et mesurés sur la fortune de ceux qui les réclament comme secours spirituel, un sacrifice auquel on a donné un nom que les apôtres n'ont point connu (connaissaient-ils même ce sacrifice tel qu'on l'offre aujourd'hui, cette immolation d'un Dieu faite devant un Dieu?) enfin dans la solennité et le faste de ces réunions où l'encens qui doit brûler exclusivement pour la Divinité est partagé par des mortels, là où tous sont égaux, où disparaît toute prééminence?

Ces rites, ces redites, ces habitudes tout humaines sont pour les yeux et les oreilles; mais quelle part peuvent y prendre l'esprit et le cœur? Cependant le Seigneur lui-même dit que « le temps est venu que les vrais adorateurs adoreront le Père en esprit et en vérité; car ce sont là les adorateurs que le Père demande. Dieu est esprit; il faut l'adorer en esprit et en vérité. » (JEAN, IV.) Le Seigneur dit aussi qu'il regarde avant tout le cœur; que nous devons, pour lui plaire et nous rapprocher de l'ordre, retourner à notre cœur. » (Isaïe, xlvi.) Et en parlant des hommages hypocrites des Juifs : « Ils m'honorent des lèvres, dit-il, mais leur cœur est loin de moi. » (Isaïe, xxix.)

Que veut donc nous faire entendre ce juste appréciateur du culte, si ce n'est que nos démonstrations religieuses sont vaines, criminelles même, si elles ne sont accompagnées de sentimens sincèrement religieux ; qu'en un mot le culte externe doit être une correspondance exacte du culte interne ? *Le culte essentiel*, dit Rousseau lui-même, *c'est celui du cœur.* Ce qui se pratique au dehors, doit-on ajouter, n'est que l'écorce de la religion ; et s'il n'y a rien au dedans de nous, notre tribut de louanges et nos adorations ne sont que des momeries que Dieu repoussera avec indignation et avec cette menace qu'il faisait autrefois aux prêtres de la synagogue : « Je vous jeterai à la face *les ordures* de vos solennités (*stercus*). » C'est l'expression littérale du prophète Malachie (ch. ii.) Portez, nous dira ce Dieu *dont on ne se moque pas*, portez vos hommages à vos idoles, aux dieux qui sont l'ouvrage de vos mains, qui ont des yeux et ne voient point. Moi qui vois tout, j'ai votre culte en abomination. Est-il anathème plus effrayant ?

Que nous sommes donc loin de compte en fait de religion, et comme nous nous abusons en persistant dans l'apathie et la sécurité où nous sommes ! On n'est pas absolument sans religion, sans quelques sentimens auxquels on donne ce nom ; nous ne disons pas effrontément : Il n'y a point de Dieu, et par conséquent la religion n'est qu'un mot. Ce langage d'insensé nous révolte encore ; mais nous nous figurons Dieu tel que nous désirons l'avoir, tel qu'il veuille se prêter et s'accommoder à la religion que nous nous faisons nous-mêmes. Nous le voulons tout indulgent, tout apaisé d'avance envers nous. Dieu est bon, disons-nous en nous rassurant toujours ; la colère ne lui sicl point. Il ne peut nous avoir créés pour nous abandonner ou sévir contre nous, faibles comme nous le sommes. Il voit en nous ses enfans, objets de sa complaisance, et il nous est permis de nous reposer sur sa providence paternelle.

Que peut-il résulter de cette manière de voir et d'agir à laquelle se réduit notre culte actuel? Que nous serons toujours hommes à notre guise, et non selon les vues et l'intention du Seigneur; que nous paraîtrons honnêtes gens sans avoir la droiture dans le cœur; que nous prendrons à tâche uniquement de nous honorer devant les hommes qui regardent aux apparences et aiment à honorer ceux qui leur ressemblent.

Ce qui ajoute encore à ce travers et à cette coupable nonchalance, c'est le langage des hommes qui se chargent de nous diriger et de nous parler des vérités éternelles. Il tend toujours à nous contenter. Ces guides complaisans et officieux condamnent périodiquement le mal que nous faisons, tout en comptant bien que nous continuerons de le faire; en sorte que nous ne cessons de le commettre et eux ne cessent de le condamner. Merveilleux système des absolutions!

Et c'est sous l'arbitrage de tels hommes que nous réglons et agençons notre culte! Et c'est par leurs avis et leurs suggestions que nous faisons un odieux partage d'après lequel nous gardons pour nous-mêmes tout ce qu'il peut y avoir de bon en nous, tout ce qui procède du cœur; et nous donnons au Seigneur le reste : des récits, des chants, des cérémonies, des simagrées, tout ce qui ne part que de la tête et nous coûte bien peu.

Que penser de ce train de vie? Sur qui tombera le mal qui en est le fruit et la suite? Ne sera-ce pas sur l'homme? Se trouvera-t-il qu'un Dieu souverainement sage mette dans le monde des créatures désœuvrées de qui il n'a rien

à attendre? ou sera-ce que ces créatures, entièrement in-
dépendantes, refusent de faire leur tâche et de la reconnaître? qu'au lieu de se mettre avec une complète résignation sous la direction de son esprit, elles se livrent
à leurs fantaisies et se font elles-mêmes leur sort, leur récompense? Se pourra-t-il que le Créateur consente toujours à cette situation et à cette conduite des hommes;
qu'il les y confirme en continuant de leur faire du bien sur
le pied qu'ils le reçoivent? ou ne ramènera-t-il pas un
autre état de choses, un état digne de lui? A quoi nous
attendrons-nous de sa part? Et quand il ne nous ferait pas
augurer ses grands desseins sur le monde par tant d'événemens frappans dont nous sommes depuis quelque temps
témoins, que présumerions-nous d'un Dieu juste en tout
ce qu'il fait et jaloux de sa gloire? Penserons-nous, comme
tant d'êtres insoucians dont l'inactive prévoyance ne plonge
guère dans l'avenir, qu'il ne nous a jetés sur la terre que
pour y végéter, ne rien faire ou ne faire que des riens,
nous en tenir à des jouissances tronquées ou éphémères,
vivre aux dépens et même au détriment de la société, ne
faire que notre propre volonté, et nous applaudir comme
si nous nous conformions en tout à la volonté divine? Ne
comprendrons-nous pas enfin que ces occupations, ces
amusemens, ces passe-temps ne demandaient pas les di-
vers talens qui nous ont été départis ni la faculté de nous
éloigner du mal et de nous porter au bien? Ne trouvons-
nous pas que l'auteur de toutes choses aurait pu faire à
moins des créatures si peu utiles, et qu'il n'y a point d'ouvrier parmi elles qui ne prenne mieux ses mesures et ne
tire un meilleur parti de son travail?

Mais si nous venons à réfléchir sur les avertissemens
multipliés qu'il nous donne, nous ne saurons nous défendre du pressentiment qu'il va exiger enfin de nous
d'autres hommages que de pures cérémonies, que des

signes extérieurs, que des vœux stériles, tout ce qui ne saurait nous contenter nous-mêmes quand on nous le donne. Oui, il faut se résoudre à présager qu'il exigera du moins la sincérité, la droiture, la réalité que nous nous demandons les uns aux autres, et que nous lui devons sans doute encore plus que nous ne nous le devons réciproquement. Enfin il ne tardera peut-être pas à faire comprendre à chacun de nous, par la voix de la raison et de la conscience, et même par une autre voix plus grave et plus austère, qu'il ne suffit pas de dire aujourd'hui, *Seigneur!* et demain encore, *Seigneur!* sans jamais faire ce que le Seigneur prescrit. Peut-être sommes-nous sur le point de voir de grandes épreuves mettre au jour notre œuvre et découvrir notre culte. Peut-être, plus tôt qu'on ne le pense, *les pluies fortes et les fleuves débordés* (Luc, vi), c'est-à-dire les inondations et les ravages des guerres joints à d'autres fléaux, et le souffle irrésistible de l'esprit de Dieu, vont agiter le grand édifice de la religion, et en même temps les constructions particulières qui y sont comme adossées par une foi vaine, et l'on verra *s'ils sont bâtis sur la roche*, qui est la Vérité éternelle, s'ils soutiendront le choc qui leur est préparé, ou si *leur ruine très-grande* prouvera qu'ils n'ont leur fondement que sur *le sable* mouvant de la parole humaine.

Et qu'avons-nous vu, depuis plus de quarante ans, que des avant-coureurs de ces effrayantes épreuves? En effet, à quelle fin se serait-elle fait sentir si brusquement, cette commotion générale qui se perpétue et s'étend partout malgré la résistance et les obstacles qu'elle rencontre? A quelle fin cette agitation interminable, ces secousses violentes et inattendues, cette ébullition morale, ces élans tumultueux, ces essors hardis et sublimes, cette fermentation volcanique, cette émancipation des esprits, ce désir ou plutôt cette soif inextinguible d'instruction et de religion même, mais de religion vraie, pure, digne de Dieu et de l'homme, cette inquiétude du despotisme qui s'indigne de se voir contrarié dans ses jouissances, ces vaines tentatives qu'il renouvelle sans cesse, de concert avec une foule de tyranneaux, afin de combler ce qu'ils appellent l'abîme de la révolution, abîme qui n'en reste pas moins ouvert pour les despotes, pour leurs misérables et trop dignes satellites et pour bien d'autres?

A ne consulter que la prudence humaine, on ne verra dans ce bouleversement universel qu'une œuvre diabolique; mais si on veut reconnaître cette Providence partout présente, visible seulement en ce qu'elle opère, et bien sensible par sa protection continuelle; qui laisse agir les hommes, qui du mal qu'ils font sait tirer le bien, et permet souvent que les abus soient détruits d'une manière directe par ceux à qui ils ont nui, et indirecte par ceux-là même qui les exploitaient à leur profit, on sera forcé de dire : *Le doigt de Dieu est ici.* (*Exode*, viii.) En effet, ouvrons et consultons sans prévention le livre que le citoyen de Genève et tant d'autres grands personnages regardent comme divin : nous y lirons que l'être le plus doux, le plus pacifique, le philantrope par excellence, déclare qu'il est venu sur la terre pour y apporter non la paix, mais le glaive, et que nos ennemis sont chez nous-mêmes. (Matth., x.) Il vient donc pour exciter un combat dans l'homme, ou pour aider l'homme à combattre des ennemis qu'il porte en lui.

Au lieu d'oser rejeter cette annonce comme une contradiction, une inconséquence, essayons de l'interpréter : demandons-nous si cette lutte ne doit pas s'établir entre le Bien et le Mal, entre le Vrai et le Faux qui peuvent se trouver en nous, et que le Seigneur voudrait séparer afin d'y ramener et faire régner l'ordre. Il nous semble qu'à l'aide de cette pensée, qui n'est point mystique, nous pouvons parvenir, mieux que par des conjectures à perte de vue, à nous rendre compte d'une révolution que l'on regarde comme inexplicable, d'une tourmente affreuse qui est réellement sans exemple dans les annales du monde ; qui cause chaque jour quelque naufrage ; qui porte partout l'inquiétude, le trouble, la gêne, la détresse, qui déroute la politique et la philosophie, dérange même les calculs de ceux qui se donnent pour les représentans et les organes du Très-Haut ; tourmente dont personne ne peut se garantir. Tel qui a échappé jusqu'à ce jour sera peut-être atteint demain.

Si on admet, nous le répétons, une Providence qui dirige tout en suivant des voies particulières et à nous inconnues, on prend de notre révolution des idées plus justes, plus conformes aux décrets de celui qui est le maître des événemens. Alors nous ne nous obstinons point à l'envisager comme l'entreprise d'hommes pervers, de brouillons, d'agitateurs, comme un fait simple, consistant dans la spoliation de choses précises, et comme une vexation exercée contre telle classe d'individus ; mais nous y trouvons une lutte de toute une société contre une autre. On a dû le remarquer : la dispute, commencée par le partage de quelques avantages sociaux, s'est bientôt étendue à tous les objets qui sont au pouvoir de l'homme ou qui peuvent être le terme de ses désirs ; honneurs, fortune, liberté individuelle, vie même, on s'est tout disputé, tout ravi dans cette vaste guerre, que la modération aurait pu limiter, éteindre même, et que la résistance la plus imprudente a rendue universelle dans ses fureurs. Tous ou presque tous ont souffert et perdu.

Mais ce qui nous fait juger et apprécier le mieux cette longue et prodigieuse secousse, qui est pour tant d'individus une lamentable catastrophe, ce sont les réflexions que l'on fait comme malgré soi sur la part qu'y ont eue des hommes qui s'étaient targués si long-temps de leurs préséances, de leurs priviléges, et que nous voyons tomber de si haut. Pourquoi cette chute épouvantable? Pourquoi ceux qui étaient sur le pinacle et en pleine évidence sont-ils réduits à chercher l'obscurité? Ils crient à l'oppression, à la persécution. Pour se relever ils voudraient recourir à la vengeance, à de sourdes intrigues; ils iraient même jusqu'à se faire les auxiliaires de certains conspirateurs en chef qui cherchent à ressaisir par le crime'ce qu'ils ont perdu par le crime. Se trame-t-il un complot où ne figurent, et souvent en première ligne, quelques-uns de ces hommes établis et nourris au milieu de nous pour prêcher la paix, la charité, la concorde, la résignation, le désintéressement? Et ils intriguent, ils machinent ainsi pour faire cause commune avec ce qu'ils appellent *les grands*, *les gens comme il faut*, et se maintenir près d'eux dans les hauts parages. Mais leur condamnation est dans le livre même qu'ils étaient chargés par état de nous expliquer : «Celui qui s'élève sera abaissé. » (Luc, xviii.) Cependant, loin de peser et de redouter cette foudroyante sentence, ils s'appuieront sur d'autres passages pour s'élever encore. Ils descendront d'abord dans les tripots des sicaires, et iront de là s'asseoir sur l'autel du Dieu vivant pour y recevoir les adorations d'un peuple qu'ils trahissent et assassinent. Ils s'appliqueront audacieusement ces paroles que nous voyons dans un psaume : *Vous êtes des dieux.* Comme si elles n'étaient pas exclusivement, et dans un sens métaphorique, adressées à ceux qui se rendent dignes de recevoir pleinement l'influence de la Divinité.

Mais ce n'est pas le seul abus qu'ils aient fait de l'Écriture. Au lieu d'employer ce qu'ils y trouvaient à confirmer simplement les hommes dans la vertu et à les détourner du vice, ils l'ont fait servir principalement à former la science qu'ils appellent théologie, un tissu de dogmes et d'opinions que les prophètes et les apôtres ont ignorés. Au lieu d'appuyer leur enseignement sur les vérités consolantes contenues dans ces livres divins, ils y ont ramassé de quoi justifier les hommes qui se sont habitués à mettre un certain prix à une religion commode qui les tranquillise, et à s'en tenir à cette justification. La Parole sainte, dont la profondeur s'étend dans tous les siècles, ils l'ont bornée autant qu'ils ont pu au temps présent et à de petites circonstances. Ils l'ont assimilée à leurs lucubrations, et par là l'ont exposée au dégoût des personnes sages et à la risée des libertins.

De tels écarts, de telles extravagances resteront-elles impunies? Non. A Dieu ne plaise que nous nous permettions de prendre ici un ton prophétique et menaçant. C'est le Seigneur lui-même qui dit en termes précis : « Je visiterai incessamment les peuples ; je ferai dans peu de temps justice à mes élus, qui crient vers moi nuit et jour et qu'on opprime. » (Luc, xviii.) Des jugemens terribles vengeront ma Parole trop peu connue, trop peu révérée. Et ce sera d'abord, ce sera surtout à ma maison que je ferai sentir ma verge de fer. Eh! n'a-t-on pas vu déjà depuis long-temps l'infliction de ce châtiment? Depuis le premier ébranlement révolutionnaire, le corps jusque là le plus considéré n'a cessé d'être un point de mire, d'être exposé aux sarcasmes, aux insultes, aux avanies, à la mort même. Que sont devenus tant de nobles suppôts de l'église romaine, qui disaient fièrement : « Il n'y a personne audessus de nous ; rien de fâcheux ne peut nous atteindre ; jamais nous ne verrons ni l'affliction ni la privation [1]? » (Isaïe, iv.) Où sont ces ministres oisifs qui fourmillaient

---

[1] Ainsi parlait, il y a peu de temps encore, le haut clergé d'un pays voisin, où d'énormes sinécures étaient toujours dévolues à la gent béate et fastueuse.

partout au milieu de nous et qui s'engraissaient à l'ombre
des autels? Ils ont voulu, pour assurer leurs jouissances,
servir deux maîtres, Dieu et le monde, et leurs deux
maîtres les ont abandonnés. Dans le petit nombre qui ap-
paraît encore, quelques-uns nous édifient, et quelques
autres semblent, par leurs mutineries anti-chrétiennes,
provoquer leur entière réprobation. Sous le spécieux prétexte de maintenir leur discipline, de faire respecter leurs
droits spirituels, temporels, honorifiques, et de défendre
même la cause de Dieu, ils outragent la Charité, qui est
Dieu ; la Charité! qui était signifiée par le Sacerdoce dans
l'église figurative des Juifs, comme par la Royauté était
signifiée la Vérité ou la Foi. Pourquoi donc, si nous avons
emprunté de ce peuple l'institution de nos prêtres, ceux-
ci n'offrent-ils plus maintenant l'emblème, l'image et les
charmes de cette première des vertus? Une tâche si glorieuse pour eux, devraient-ils la méconnaître, l'abjurer?
N'est-il pas de leur intérêt mieux entendu de la remplir
toujours fidèlement parmi nous et de nous porter au Bien
par leur exemple, plutôt que de se tenir à l'écart et d'em-
pirer leur sort? Effectivement, en restant en dehors de
l'esprit de leur siècle, ils déterminent leur siècle à exami-
ner à son tour s'il doit tolérer ce qui prétend rester hors
de lui. Le mot *civilisation* les effarouche ; ils s'opiniâtrent
à demeurer stationnaires et routiniers, tandis que tout
marche autour d'eux. Cependant la religion véritablement
catholique se montre progressive dans ses développemens
comme les lumières et les besoins des hommes, et il est
constant qu'aussitôt qu'une révolution s'opère dans l'état
de la race humaine, la religion subit, sauf ses dogmes,
une modification analogue. « Le sabbat, dit le Dieu que
nous servons, a été fait pour l'homme, et non l'homme
pour le sabbat. » (MARC, II.)

Mais quand les membres déjà énervés et disloqués de

ce ci-devant premier corps de l'état consentiraient à se rapprocher de nous, à mettre leurs fonctions et leurs habitudes en harmonie avec nos institutions, comment y parviendraient-ils? Devenus étrangers au peuple laïc par leurs études, ils ne peuvent avoir qu'une instruction défectueuse, faute d'émulation. L'infériorité de leur science avec l'importance de leur mission doit nécessairement faire baisser leur considération et leur crédit. Ils arrivent inconnus dans une société pour eux inconnue. Leurs rapports avec le monde commencent au moment où déjà les règles et les habitudes de leur état les isolent du monde. Placés long-temps dans une situation exclusive, solitaire, ils n'ont rien qui leur rende promptes et faciles les relations et les idées nouvelles que pourtant ils ont besoin d'acquérir. Ils seront appelés, encore imberbes et inexpérimentés, à conseiller, à consoler tout un peuple, sans avoir encore eu rien de commun avec lui. Ils chercheront bien moins, dépourvus qu'ils seront encore d'expérience, à gagner leurs concitoyens par les formes, par l'usage et une précaution apostolique, qu'à leur imposer l'ascendant d'un zèle amer, indiscret, fougueux. Quelle position! quelle devient fausse de jour en jour! Nous ne savons déjà que trop quels malheurs, quels maux en proviennent.

Et la vôtre, potentats! régulateurs des grands événemens de ce monde! est-elle plus heureuse? Vous rapproche-t-elle mieux des hommes dont vous avez à cœur sans doute le bonheur et la gloire? Pouvez-vous vous flatter d'être, comme nous le désirons, à l'abri de la foudre qui éclate sur ces princes des prêtres, sur ces nouveaux scribes et ces docteurs de la loi? N'aurait-on pas malheureusement trop lieu de craindre que plusieurs d'entre vous n'aient pas mieux compris la tâche des rois que les ministres de l'église n'ont compris la leur? Nos pontifes et nos prêtres croyaient en avoir toujours fait assez pour ceux qu'ils appelaient leurs *ouailles*, sans chercher même ce que signifie ce mot, que l'ignorance et l'orgueil trouvent peut-être ignoble. Et vous, dominateurs, ne vous seriez-vous pas figuré qu'il suffit, pour régner, de s'asseoir sur un trône et d'intimer ses ordres aux autres hommes, de dire emphatiquement, *Mes sujets*, *mes peuples?* Mais le Roi qui commande à tous les rois comme à tous les autres habitans du globe, a dit à ceux qui voudraient entrer dans son Église et dans son Royaume : « Vous savez que les hommes qui ont l'autorité souveraine dans le monde l'exercent avec empire : il ne doit pas en être ainsi parmi vous. » (Matth., v.) Vous songerez à m'imiter, semblait-il ajouter. Vous songerez, ajouterons-nous aussi, à ce que doit être quiconque prend le titre de roi sur la terre, quel honorable type il devient aux yeux des peuples. Et pour le bien comprendre, faites une attention particulière au colloque du Fils de l'homme avec Pilate lorsqu'on instruit le plus horrible des procès. (Jean, xviii.) L'indolent gouverneur dit : « Vous êtes donc roi? » Le Seigneur lui répond : « Vous le dites; je suis Roi : je ne suis né et je ne suis venu dans le monde que pour rendre témoignage à la Vérité. — Qu'est-ce que la Vérité? réplique cet homme assez osé pour interroger celui qui est l'innocence même et qui a dit : « C'est moi qui suis la Voie, la Vérité et la Vie. » (Jean, xiv.) Il est donc bien évident, pouvons-nous observer, qu'il y a analogie entre la Vérité et la Royauté, et que nous étions fondés à dire, il y a un instant, que la Royauté représente la Vérité, comme le Sacerdoce représente la Charité; mais il est possible, et il n'arrive que trop souvent qu'ils représentent l'opposé. En effet, quand l'ordonnateur éternel, qui ne fait rien inutilement et sans quelques fins, établit ou permet qu'il s'établisse des rois et des sacrificateurs, il a ses vues. Si ces grands fonctionnaires les connaissent bien et s'y conforment, ils sont dans l'ordre divin, et s'ils agissent en sens inverse, il y a monstruosité dans leurs fonctions; mais ils n'en représentent pas moins, parce que tout dans l'univers, qui n'a pu être créé en vain, doit correspondre à quelque chose dans l'ordre spirituel : si ce n'est au Bien, c'est au Mal.

Ainsi, nous adressant, non à tel prince-monstre qui se serait frayé un chemin au trône dans le sang de mille et mille victimes, ni à tel autre qui, pour se maintenir sur le sien, aurait eu recours à l'hypocrisie, au parjure (l'un et l'autre diraient comme Pilate : Qu'est-ce que la Vérité?); mais à ces souverains qui auraient quelque bonne foi, du moins apparente, nous leur dirions : Si, au lieu de vous montrer, autant que le peut un mortel, le type exact et fidèle de la Vérité; si, au lieu de l'accueillir toujours avec empressement, de la prendre constamment pour votre guide, pour le premier mobile de vos entreprises et de votre politique, vous l'aviez repoussée ou retenue captive; si, à l'imitation de certains monarques fourbes et fanatiques, sans avoir toutefois l'intention perverse et liberticide de ces Louis XI, vous aviez, par menace ou par corruption, dénaturé, comprimé cette Vérité dans la bouche des représentans du souverain réel, que vous auriez dès lors rendus indignes et incapables d'être ses organes; si, au lieu de prêter l'oreille à sa voix pour vous diriger dans le dédale d'une ténébreuse et fallacieuse diplomatie, vous n'aviez écouté que les suggestions de quelques ministres astucieux ou ineptes; enfin, si, négligeant le bien-être de vos concitoyens, vous n'aviez régné que pour vous, ne conviendrez-vous pas que votre domination n'a été que vaine, oiseuse, on dirait presque une anomalie? Et n'avez-vous pas à redouter l'avénement, peut-être prochain, du Roi austère et juste qui vous fera impitoyablement rendre compte de votre administration et du talent qui vous a été confié pour le faire valoir? Si le prêtre est puni parce qu'il a forfait à la Charité, comment le monarque n'aurait-il pas à expier le tort d'avoir manqué à la Vérité? Qu'il est à craindre que les rayons perçans de cette formidable Vérité ne la venge d'une manière éclatante!

Combien d'autres que nous auront aussi remarqué en gémissant cette dégradation où sont tombés le Sacerdoce et la Royauté! Ces deux colonnes établies par le souverain architecte de l'univers semblaient les arcs-boutans de l'édifice social; et on les respectait d'autant plus, qu'elles rappelaient les caractères et les attributs majestueux que l'Homme-Dieu prit en venant dans le monde. Comment donc cette vénération a-t-elle duré si peu? Comment a-t-elle fait place à tant d'indifférence, de tiédeur? D'où vient cet abandon d'un culte originairement si noble, si saint?

Comment en un vil plomb l'or pur s'est-il changé?

Comment le feu apporté du ciel sur la terre et allumé par un souffle divin s'est-il éteint ou n'a-t-il plus qu'une ardeur mourante? Pourquoi donc, continuent et affectent de dire bien des personnes qui prennent de là occasion et motif de douter, pourquoi Dieu délaisse-t-il son propre ouvrage? Pourquoi la religion qu'il a donnée au monde n'est-elle pas au-dessus des vicissitudes humaines et de toute bourrasque révolutionnaire? Nous dirons, nous : Pourquoi la religion, qui est définie une relation de Dieu à l'homme, serait-elle entièrement indépendante de notre versatilité et de nos passions? Or, qui ne sait à quels excès, dans quels écarts nos passions nous entraînent? Quoi! ceux-mêmes qui sont appelés à entretenir le feu sacré devant le Roi immortel des siècles ne se trouvent pas assez honorés de cette fonction, et prétendent se réserver une portion de l'encens qu'ils doivent offrir sur l'autel! Que ne fera pas l'homme qui est moins instruit qu'eux et qui a sous les yeux un tel exemple? Leurs titres de ministres reposent sur des passages de la Parole sainte; mais ils n'hésitent pas à l'interpréter sans consulter celui qui est la Vérité, et à se donner encore plus d'importance. Par une entorse ingénieuse autant que sacrilége, ils détournent le sens de cette Parole au profit de leur orgueil; et les mots qu'il leur rappelle d'abord sont ceux qui furent adressés aux premiers habitans de l'Éden : « Vous serez comme Dieu, sachant le Bien et le Mal. » (*Genèse*, iii). Et il ne manque pas d'ajouter : « Vous voyez que vous avez les clefs du royaume des cieux ; que vous êtes autorisés à y introduire qui vous voudrez. Vous remettrez les crimes les plus énormes, fussiez-vous vous-mêmes les plus grands scélérats de la terre. »

Tel est le lot que les prêtres sont parvenus insensiblement à se faire, au grand scandale et au préjudice de leur religion. Et l'on voudrait que cette religion se fût maintenue dans sa pureté native !

Quand au partage que se sont adjugé les rois, on le prend également à la même source, dans le même trésor. C'est encore dans l'Écriture que l'on a été puiser ces expressions commodes, si positives, si concluantes au premier aspect. Nous y voyons que toute puissance vient de Dieu; mais ce qui émane d'une telle source ne peut être que pour l'utilité, pour le plus grand bien des hommes. Dieu lui-même dit : « C'est par moi que les rois règnent et que les législateurs décrètent des choses justes. » Mais, s'il est vrai de dire que ce n'est plus par Dieu que ceux-ci agissent quand ce qu'ils décrètent n'est pas juste, dira-t-on que ceux-là agissent toujours par Dieu, s'ils règnent en tyrans, en despotes? Au surplus, s'il fallait adopter le sens que les adulateurs donnent à ce texte, on rendrait le Seigneur complice de bien des forfaits, tels que les exterminations en masse, etc., etc.; ce qui serait aussi absurde qu'impie. Mais permis à la tyrannie délirante de se prévaloir de ce passage; nous resterons toujours persuadés qu'il ne peut concerner que les princes qui sont selon le cœur de Dieu, de ce Dieu qui peut, il est vrai, laisser commettre le mal, mais qui ne saurait jamais en être l'auteur lui-même, jamais, par conséquent, nous envoyer, nous imposer des maîtres méchans, des ogres ni d'autres fléaux.

C'est donc en interprétant à leur guise les paroles que nous venons de signaler comme le titre sur lequel ils se fondent, et sans penser plus que les prêtres au sens interne et spirituel des saintes Écritures, que plusieurs rois se sont imaginés n'avoir de compte à rendre qu'au Roi suprême, présumé toujours par eux très-indulgent, qu'ils comptent bien être en droit de réaliser autant qu'il leur plaît, à l'égard de *leurs* peuples, les peintures affreuses que Samuel mettait sous les yeux des Israélites, trop désireux d'avoir un roi. (*Rois*, I, viii.)

« Le roi qui vous gouvernera, dit le prophète, prendra vos enfans pour conduire ses chariots; il en fera des gens de cheval, et il les fera courir devant son char. Il en fera ses officiers pour commander, les uns mille hommes, les autres cent. Il prendra les uns pour labourer ses champs et pour recueillir ses blés, et les autres pour lui faire des armes et des chariots. Il fera de vos filles des parfumeuses, des cuisinières et des boulangères. Il prendra aussi ce qu'il y a de meilleur dans vos champs, dans vos vignes et dans vos plants d'olivier, et le donnera à ses officiers. Il vous fera payer la dîme de vos blés et du revenu de vos vignes pour avoir de quoi donner à ses eunuques et à ses courtisans. Il prendra vos serviteurs, vos servantes et vos jeunes gens les plus forts, et il les fera travailler pour lui. Il prendra aussi la dîme de vos troupeaux, et vous serez ses serviteurs. Vous crierez alors contre le roi que vous aurez élu, et le Seigneur ne vous exaucera point, parce que c'est vous-mêmes qui avez demandé d'avoir un roi. »

L'histoire ne nous prouve que trop bien que Samuel n'exagérait point, et que les hommes qui règnent sur les autres, loin de se rapprocher de la Royauté divine et de s'étudier à en être l'emblème, se sont presque de tout temps ingéniés à rendre leur joug de plus en plus pesant. (Il y a des exceptions qui consolent l'humanité.) Ne dirait-on pas que plusieurs d'entre eux se chargent d'accomplir les tristes pronostics du Voyant, qui est l'interprète du Seigneur? En effet, cette longue énumération de subsides, de prestations, de servitudes, de sujétions, de corvées, de services humilians et onéreux, représentent bien les listes civiles, les budgets, la multiplicité des subventions qui vont toujours croissant, et de tous les sacrifices qui sont imposés aux peuples.

Le moyen donc de trouver moins accablantes ces charges et surcharges? Il nous est indiqué par celui qui voulait rendre les Israélites plus heureux. « Reconnaissez, leur disait-il, votre Dieu pour votre Roi, pour le véritable Roi. » Et à nous il dit : « Réfugiez-vous auprès de moi, et si votre fardeau est trop pesant, je suis prêt à l'alléger. » (MATTH., II.) Tout en vous soumettant aux mortels qui s'établissent vos maîtres et se placent sur un trône que je réclame, tournez vers moi vos regards, et je vous disposerai à la résignation, à la patience; je vous dédommagerai par des consolations que vos courtisans, vos princes même ne connaissent point. Dans votre intérêt et pour votre bonheur, je vous avertis, je vous presse de vous montrer conséquens. Vous faites tous les jours des vœux pour que mon règne arrive (MATTH., VI), et vous dites : Nous ne voulons pas que Dieu règne sur nous. (LUC, XVIII.) Vous êtes donc, comme les enfans d'Israël, prévenus contre la théocratie, et c'est parce que vous vous en formez une idée fausse ; parce que vous la confondez avec une *presby-térocratie* qui exerce, confère et retire à son gré un pouvoir qu'elle se flatte de partager avec moi. Mais elle s'abuse : je ne lui transmets pas ainsi mon autorité, ma puissance. Ce ne sont point des êtres arrogans et présomptueux que j'en fais les dépositaires; je désavoue de tels intermédiaires entre moi et mon peuple. Le joug et le tribut que j'impose moi-même sont doux et légers. (Matth., xi.) Ils n'ont rien de commun avec ceux de vos souverains; et c'est pour cela que j'ai dit que mon Royaume n'est pas de ce monde. Je veux être votre Roi ; mais c'est dans le cœur que j'entends placer mon trône, et c'est là aussi que vous devez descendre souvent pour me consulter sur vos projets, sur vos devoirs, et pour vous convaincre que je ne puis jamais être regardé comme étranger à ce que l'homme entreprend, puisque sans moi il ne peut absolument rien. Ayez honte de faire moins que les païens : ils ne formaient aucune entreprise de quelque importance sans invoquer des dieux qui ne pouvaient rien : *Ab Jove principium.....* Et vous dédaignez mon influence, mes inspirations, mon secours ! Déplorable *autocratie*, devrions-nous dire, qui abuse et perd bien des hommes ! Témoins, entre des milliers d'autres, ceux qu'on a vus figurer au premier rang dans notre grand et terrible drame, dont personne n'a pu encore prévoir le dénouement. Quel rôle y ont-ils joué pour la plupart ? Législateurs improvisés et presque tous inexpérimentés, méconnaissant l'intervention et le bras de l'Être puissant qui veut toujours continuer son ouvrage de la création ; ne comptant et ne se reposant que sur eux-mêmes, qu'ont-ils fait pour le pays ? *Leurs pensées et leurs œuvres lui ont-elles toujours été utiles ?* Peu s'en faut qu'on ne dise avec un prophète *qu'ils ont ourdi des toiles d'araignée.* (Isaïe, lix.) Ils ont fait, défait, recommencé, et ont laissé leur grande entreprise inachevée. Ils ont beaucoup parlé, intrigué peut-être encore davantage..... et ils ont disparu. Plusieurs ont eu une fin tragique, ou tout au moins triste et peu honorable. De nouveaux acteurs leur ont succédé sur ce périlleux théâtre ; et comme eux ils ont dit d'un ton assuré et fier : « *Nous saurons nous passer de la science des voies surhumaines.* Nous nous croyons assez ingénieux et assez habiles pour mettre fin à notre ouvrage.» Ainsi, mêmes promesses, mêmes succès. Puissent-ils, en définitive, ne pas nous laisser dans un désarroi effrayant, entre l'espoir et le dépit, au point que nous ne sachions plus ou nous en sommes et ce que nous voulons. A-t-on une perspective bien rassurante? N'en est-on pas réduit à porter ses regards dans le lointain pour voir s'il vient quelque secours (ps. cxx), si enfin apparaîtra la terre de promission, et si au moins on reconnaîtra que le peu de prospérité dont on jouit, on le doit à une Providence qui aide toujours les hommes à leur insu et comme malgré eux? Ils prétendent, quoique leur insuffisance soit bien reconnue, s'occuper eux-mêmes et seuls de ce qui les intéresse ; mais ils sont réduits à se traîner dans un provisoire indéfini, et leurs jouissances sont perpétuellement ajournées.

Mais nous revenons aux monarques, et nous demandons de qui ils tiennent ce droit dont ils usent bien largement, si toutefois, comme ils paraissent le rêver, c'est un droit. *Du ciel....* leur ont répété long-temps des hommes niais, ignorans ou ambitieux. Mais, selon le bon sens et la civilisation, ce sont les rois eux-mêmes qui ont établi plusieurs de leurs prétentions et forgé leur souveraineté telle que la plupart d'entre eux l'exercent. C'est l'adulation et l'intrigue qui ont cherché et cherchent encore à rendre l'autorité royale indépendante de toute convention humaine, afin que cette autorité, qui ne paraît que factice et précaire quand elle n'est pas selon l'ordre et la raison, soit plus absolue ; qu'elle puisse capricieusement, et en

dépit de la justice distributive, prendre aux uns pour donner aux autres. Deux Anglais célèbres, Burlamaqui et She-
ridan, ne font pas difficulté de publier que la doctrine
du droit divin de la royauté a dû sa naissance à une vieille
alliance entre la politique des prêtres et celle des rois.
Ceux-ci, disent-ils, voulurent faire de la religion un instrument pour étendre leur puissance en gouvernant les con-
sciences par les ministres du culte ; et de leur côté ces ministres sentirent que le meilleur moyen de conserver leurs
dignités, leurs richesses et leur pouvoir, était de donner
aux princes, sur les personnes appelées *sujets*, la même
autorité qu'ils avaient, eux prêtres, sur leurs esprits.
Ainsi, le clergé, en retour des immunités, des priviléges
et des trésors qui lui furent prodigués, prêcha et recom-
manda, sous des peines effrayantes, à tous les esclaves de
ses protecteurs, l'obéissance passive, et il attribua aux souverains un droit *divin* de régner sans contrôle. Quel con-
cordat ! Quel trafic !

Et c'est ainsi que ces deux colosses, le Sacerdoce et la
Royauté (il ne s'agit pas ici de la théocratie que l'on repousse avec aversion), destinés primitivement à faire, au
moyen de la paix et de la concorde qu'ils auraient main-
tenues, la consolation de la trop malheureuse espèce humaine, ont, en prenant impudemment le change, pesé
sur elle durant des siècles, se prêtant à dessein un mutuel
soutien.

On a fait plus : par une politique peu commune, par
un raffinement de tyrannie, on a osé combiner la puissance temporelle avec une puissance que l'on disait descendre d'en haut pour corroborer la puissance de simples
mortels et la rendre comme irrésistible. En sorte qu'un
homme, élu par ses pairs, quelquefois intrigans, tout en
se flattant de représenter les apôtres ; qu'un homme se
croyant le lieutenant de Dieu même, et se disant le servi-

teur des serviteurs, affublé d'une triple couronne et prenant pour sceptre la croix, gouvernait, au nom d'un Dieu
couronné de ronces, les peuples, ou, disons le mot, les
épouvantait pour son compte et pour celui des autres potentats.

Et ce qui prolongeait un tel désordre, c'était d'une part
l'ascendant usurpé, l'astuce, la terreur, de l'autre l'ignorance et l'indolence. Combien de fois n'a-t-on pas entendu
dire avec une naïveté et une résignation inconcevables :
« Sans doute nous n'avons pas toujours à nous louer de
nos prêtres : ils pourraient mieux nous édifier. Mais que
faire ? Il faut tenir à la religion de nos pères, et les prêtres
sont les ministres de cette religion, quelle qu'elle soit et
quels qu'ils soient eux-mêmes. Ils sont chargés de veiller
à nos intérêts spirituels : il nous est enjoint de faire ce
qu'ils nous disent et de ne pas les imiter. Nous savons et
voyons souvent qu'ils se dispensent de toucher du doigt
les fardeaux dont ils nous accablent; que quand il leur
arrive de faire le bien, c'est chez eux ostentation, si ce
n'est hypocrisie; qu'ils ont soin, pour nous éblouir et
nous imposer, d'étaler leurs insignes; que la croix même,
cet instrument du supplice de leur Maître, est pour eux
une parure de luxe; qu'ils aiment les places d'honneur
dans les festins et les premiers siéges dans les lieux où ils
sont censés adorer un Dieu humble; qu'ils se plaisent à
s'entendre appeler docteurs, pères, maîtres, malgré la
défense qui en est faite aux chrétiens. Nous sommes témoins de bien d'autres abus, et nous nous contentons
de gémir. » Ainsi parlaient autrefois, ainsi patientaient
les fidèles, les craintifs et aveugles disciples des prêtres;
mais les choses, les temps et les hommes sont changés.

Les peuples, quoi qu'on en dise, ne se montrent ni
plus exigeans ni plus rebelles quand il s'agit des souverains, surtout de ceux qui manifestent quelque velléité de

reconnaître enfin ce grand principe que les rois sont faits pour les nations, et non les nations pour les rois. « Que celui qui sert soit comme celui qui gouverne. » (Luc, xxii.) Que ce n'est point pour telle ou telle famille que l'ordre de succession est établi, mais bien parce qu'il est de l'intérêt de l'état qu'il y ait une famille régnante.

Cependant, on ne saurait se le dissimuler ni le taire : cette double domination, sacerdotale et monarchique, ces longs abus ont enfanté bien des maux qui ont compromis et fait gémir la religion. On doit le répéter, ou l'on ne serait pas juste : il y a des exceptions dont quelques peuples ont à se féliciter; mais enfin l'histoire est là. Qui pourrait lui imposer silence? Elle est indépendante des jurés, des tribunaux, du ministère public, et aujourd'hui du despotisme même. Elle est assise sur les ruines de la Bastille et foule aux pieds les lettres de cachet. Elle nous force d'imputer à plusieurs de ceux qui se sont constitués au-dessus des autres mortels, des malheurs inouïs. Et le plus grand, le plus déplorable, c'est l'isolement où s'est trouvé l'homme en s'éloignant, en se séparant même de Dieu, parce qu'il était privé du secours et de l'appui qu'il attendait de ces maîtres, les uns dans l'ordre spirituel, les autres dans l'ordre temporel. Il faut le dire ici : les rois s'abuseraient s'ils s'imaginaient n'avoir à s'occuper que d'administration et principalement de leurs jouissances, et être entièrement étrangers à ce qui a rapport aux choses spirituelles et religieuses. Non qu'ils doivent se renfermer dans un cercle de devoirs pieux et secrets, dit un célèbre orateur, tandis qu'ils négligeraient les soins publics et laisseraient des subalternes abuser du pouvoir. Comme David, ils sont obligés de garder et de défendre l'arche, mais sans y porter la main et sans prendre non plus l'encensoir; de donner l'exemple d'une piété solide et réelle qui ne dégénère jamais en bigoterie. C'est en ce sens qu'ils sont comme lui pasteurs. Or, qu'est-ce que ce titre modeste et si commun en apparence, que le Seigneur lui-même se donne avec tant de complaisance? « Je suis le bon Pasteur, le Pasteur des brebis; elles me suivent; je donne ma vie pour elles. » (JEAN, x.) Pasteur ne signifierait-il pas l'homme qui enseigne en indiquant aux autres leurs devoirs; qui conduit ses frères au Bien, aux œuvres de la Charité? Et les mots *brebis*, *ouailles*, *troupeaux*, ne représenteraient-ils pas ceux qui sont parvenus au Bien ou qui s'y laissent conduire? Les patriarches étaient pasteurs, et plusieurs d'entre eux valaient sans contredit nos meilleurs souverains. Chacun des principaux de ces hommes simples et vénérables était, à cause de sa sagesse et de ses vertus, à la tête de sa famille, de sa tribu, de son Église. De là l'origine de ces fonctionnaires qui font tant de fracas, tandis qu'ils ne s'occupent que d'une manière bien secondaire de leur tâche la plus honorable. Qu'en est-il arrivé? Nous allons le voir.

Tant que les divines ardeurs de la Charité et la vivifiante lumière de la Foi ont animé et dirigé l'homme, il a vu la gloire et la majesté de Dieu; il a vu la religion dans son origine céleste et pour ainsi dire dans sa simplicité virginale; mais cette Charité venant à s'amortir, et cette Foi, dont elle est inséparable, à ne conserver qu'une lueur pâle, affaiblies qu'elles étaient l'une et l'autre, et offusquées par l'insouciance et la perfidie de tels guides, il est tombé dans une sorte de désorganisation; il a commencé à être privé de l'influence du ciel, à sentir s'interrompre cette communication intime, ce rapport si nécessaire de lui à l'Être avec lequel il peut tout, et sans lequel il ne peut rien. « Sans moi, dit le Seigneur, vous ne pouvez rien faire. » (JEAN, xv.) Réduit à son *propre* et aux faibles ressources qu'il trouvait en lui, et faussement persuadé qu'il pouvait se suffire à lui-même, il se réfugiait dans son cœur, où il se flattait de trouver un abri contre les illusions des sens et les importunes cupidités; mais, n'y rencontrant que crainte, ennuis, soupçons, haines, vengeances, que le cortége infernal des passions, qui le désolaient et le bannissaient de chez lui, il devenait fugitif et errait çà et là sans boussole sur une mer inconnue et semée d'écueils, ne sachant même ce qu'il cherchait. Il se livrait tantôt au libertinage, à l'irréligion, tantôt aux opinions hasardées, aux rêveries de certains charlatans qui ne doutent jamais de rien, et à tout ce qu'on lui donnait pour religion. Tout ce qui paraissait lui sourire et lui promettre un bonheur présent ou à venir, il l'adoptait comme un malade dépité, excédé par de longues souffrances, se livre à tous ceux qui lui parlent de guérison et lui vantent leurs remèdes.

Cette inquiétante perplexité le portait toujours à se jeter dans les bras de docteurs et de ministres infidèles, de ces hommes qui disent posséder exclusivement la clef de la science, et avoir mission de rendre tout le monde heureux; qui, moyennant *rétribution*, entreprennent la réformation et la sanctification de tous; qui, *sous prétexte qu'ils font de longues prières*, *dévorent les maisons des veuves*; qui osent, quoiqu'ils ne soient que *poussière et cendre*, s'entretenir incessamment avec le Très-Haut; enfin qui se chargent de la tâche des autres, tâche cependant toute personnelle, et s'occupent à peine de la leur. Ne dirait-on pas d'une *assurance* contre les jugemens et les décrets de Dieu?

Mais quelle confiance pouvaient obtenir de tels conducteurs, qui avaient dévié depuis long-temps, et qu'on voyait tôt ou tard tomber dans la même fosse avec celui dont ils se faisaient les guides, parce qu'ils étaient aveugles comme lui; parce que leur sacerdoce n'était plus qu'un fantôme, une triste parodie du Sacerdoce divin, s'il m'est permis de m'exprimer ainsi? Il est bien constant que, s'ils n'avaient pas perdu de vue le glorieux caractère dont ils avaient été revêtus, ils auraient pu continuer d'être comme les collaborateurs du souverain et bon Pasteur, et de tendre efficacement une main secourable à leurs frères chancelans, égarés, et acquérir des droits à leur reconnaissance, à leur respect. Mais telle n'était pas leur ambition.

Et ce sont là néanmoins les membres, les oracles d'une association célèbre et ancienne qui se dit l'Église universelle, exclusive, et prétend être pour tous les hommes, pour tous les lieux, pour tous les temps; qui repousse, anathématise, damne ceux qui n'adoptent pas de confiance ses maximes, ses décisions, ses pratiques, son langage; qui déclare même que hors de son giron l'on est perdu à jamais.

Est-il surprenant que cette Église, avec de telles prétentions, se soit fait tant d'ennemis; qu'elle ait donné l'éveil à la jalousie, à la critique; ait provoqué les murmures, les épigrammes, les reproches, le mépris, les scissions, l'absolu délaissement où elle languit et gémit?

Encore, si on s'en était tenu là. Mais que de pamphlets tout au moins irréligieux, que d'écrits satiriques, que de diatribes virulentes la déchirent aujourd'hui, parce qu'elle a cru pouvoir les braver encore long-temps! Forte de plusieurs ouvrages apologétiques, et plus encore de l'appui d'une cour politiquement bigote avec laquelle elle se concertait, elle se croyait invulnérable; et interprétant toujours en sa faveur l'Écriture sainte, ne s'était-elle pas imaginée que, malgré ses déportemens, le ciel ne cesserait jamais de la protéger? Cependant, poursuivie à outrance dans le vaste champ des inconséquences et des absurdités, et vivement attaquée, n'étant plus soutenue que par une polémique faible, elle tombe sous une grêle de traits acérés et envenimés.

Malheureusement nous voyons son désastre et sa décadence, mais nullement ce qu'on va lui substituer pour notre bonheur et pour une plus grande gloire de l'Auteur de l'univers. Nous voyons bien quelques génies, quelques hommes érudits, et d'autres à leur suite qui ne sont que des échos, assaillir sans ménagement cet édifice qui s'élevait comme une autre tour de Babel. Ils le sapent et le secouent à l'envi. Ils le démoliront pièce à pièce, et avec ce qu'ils en auront jugé mauvais ils enleveront ce qui pourrait s'y trouver encore de bon. Mais du milieu des ruines et des décombres que feront-ils surgir ? Leur philantropie ne va peut-être pas jusqu'à s'en inquiéter. Peu leur importe qui viendra après eux rebâtir plus ou moins solidement pour rassurer ceux qui ne sont pas instruits, et qui se trouvent par conséquent dépourvus des principes et des secours nécessaires pour s'éclairer et se conduire. Peu leur importe que, pour toute ressource, l'on nous présente et fasse adopter des plans de réforme impraticables, défectueux, de nouveaux systèmes gigantesques, incohérens, sur lesquels l'Esprit de Dieu serait moins consulté que les passions ; « que tout ce que les hommes respectent soit renversé, détruit ou tourné en ridicule ; qu'il ne reste plus aux affligés aucune consolation de leur misère, aux puissans et aux riches aucun frein de leurs passions, au fond des cœurs aucun remords du crime. » (Rousseau.) Cependant il s'agit de ce qu'il y a pour nous de plus sérieux, et on nous laisserait dans un vide affreux. Le temps presse ; il y a urgence ; le péril est imminent. Déjà l'audacieux déisme et le hideux matérialisme font d'effrayantes incursions parmi nous. Il semblerait que, si la science fait des progrès, ce doive être au profit d'un pyrrhonisme désolant et d'une honteuse idolâtrie. *L'Homme-Dieu, s'il revenait sur la terre, y trouverait peu de Foi et peu de Charité.* Mais au lieu de ces vertus essentielles il trouverait une divinité que l'on a eu l'impudence de lui substituer à lui-même ; divinité bizarre et à peu près chimérique **que** les mythologues ont faite mère, fille, épouse du souverain de leurs dieux ; qui sait tout, peut tout, rend compte des prodiges et des phénomènes ; qui donne à ses adorateurs l'intelligence, sans l'avoir elle-même ; enfin cette poésie mystérieuse, comme dit Platon. Et ce sont les hommes doctes et profonds qui l'encensent les premiers et avec engouement. O religion ! ouvrage de Dieu même, ô Église primitive ! qu'êtes-vous devenues ? En quel état sont tombées et la religion et l'Église qui vous avaient éclipsées pour un temps ? Elles semblent arriver sur leur déclin. Serons-nous assez heureux pour vous voir reparaître, pour vous voir ramener sur un horizon nuageux et bien triste une lumière pure, vive, consolante ? Clergé ! c'est à toi exclusivement que l'on s'adressera ici. Nous respectons et honorons ceux de tes membres qui savent se respecter et s'honorer ; mais les monstruosités dont nous venons de parler et qui alarment les hommes sages et timorés, ne seraient-elles pas en grande partie ton ouvrage ? Par ta paresse, par ton ignorance et par une vie peu exemplaire, tu t'es compromis, perdu, et avec toi se sont fourvoyés ceux qui t'avaient investi de leur confiance. Quelle est néanmoins encore ta sécurité ! Combien elle t'a été funeste ! Quel incompréhensible aveuglement s'en est suivi ! Ne dirait-on pas qu'une sorte de fatalité te domine ? Tu parais encore emporté par un esprit de vertige ; et tu as les yeux fascinés au point de ne pas entrevoir que ton Église va être ce qu'était la synagogue lorsque le Seigneur disait aux Israélites : « Votre maison restera bientôt déserte, parce que je cesserai d'être avec vous. » (MATTH., XXIII.) Tu ne t'aperçois pas que ton culte d'apparat et tout mondain ne paraît fondé que sur des réminiscences mystérieuses et allégoriques. Nous dirions volontiers comme disaient les Hébreux dans le désert : *Manhu!* Qu'est-ce que cela ? Qu'est ce qu'un tel culte ? Quoi ! il faut

que nous croyions que tu honores et que nous honorons
avec toi l'Éternel par une pitoyable routine, par des sym
boles surannés dont tu peux à peine nous rendre compte,
et par la célébration de ce que tu appelles les redoutables
mystères : célébration qui n'a lieu maintenant que dans
des temples presque déserts où l'on n'a guère le temps ni
la pensée de reconnaître ce qu'il convient de *redouter*, ou
pour mieux dire de révérer dans un acte religieux auquel
semble restreint tout le grand échafaudage de tes rites
et de tes cérémonies. Et l'on ne serait pas en droit de te
taxer d'incurie, de présomption et d'indolence ! Si nous te
voyons fier et glorieux de succéder aux hommes qui furent
choisis pour établir le christianisme, nous devrions aussi
te voir jaloux de continuer l'ouvrage qu'ils ont si laborieu-
sement commencé. Leur mission était *d'éclairer les nations et de leur enseigner à pratiquer ce que le Maître leur
avait prescrit à eux-mêmes*. Ils étaient envoyés *pour affer-
mir leurs frères* dans la doctrine sur laquelle était fondée
la religion. Tu as la même tâche à remplir ; que ne mon-
tres-tu la même activité ? Comme eux, tu dois travailler
jusqu'à la fin de la vie. Les médecins de l'âme ont encore
moins de relâche à espérer que les médecins du corps. Cependant quels secours spirituels recevons-nous de toi ? Te
voit-on occupé à nous exposer et à nous rappeler avec zèle,
avec franchise, les grands principes de cette religion ? Nous
supposant toujours suffisamment instruits par les notions
élémentaires et obligées reçues dans l'enfance, tu te bornes
à nous dire, quand nous pourrions mieux te comprendre :
Croyez, sans trop chercher à approfondir. Mais d'où vient
donc cette torpeur, cette désobligeance ? Pourquoi nous
abandonner ainsi ? Seraient-ils arrivés ces jours malheu-
où *il n'y aurait personne qui romprait le pain que les enfans demanderaient ?* (JÉRÉM., *Lament.*, IV.) Désespères-tu
que nous puissions, avec ton aide, trouver dans l'Écriture

des passages où brillerait à nos yeux, désillés par les instructions, « la lumière qui éclaire tout homme venant en ce monde » (JEAN, 1); qui nous présenteraient d'une manière simple et utile les principaux dogmes de la foi, par exemple celui de notre résurrection et celui de l'unité de Dieu? Dogmes d'une telle importance, que, si on se contente toujours de nous dire : *Ce sont des mystères*, nous serons comme les Samaritains, « réduits à croire ce que nous ne connaîtrons point. » (JEAN, IV.) Et nous entendrons incessamment d'exécrables plaisanteries sur les points de doctrine les plus saints, les plus dignes de notre vénération. Et d'abord, que pense l'homme de son immortalité, ou plutôt l'homme pense-t-il à l'immortalité, dont il sera revêtu aussitôt qu'il aura été dépouillé de l'enveloppe qui a si peu de consistance? Pense-t-il qu'au petit nombre de jours qu'il a à passer sur cette terre succèdent des années éternelles; que la vie présente ne nous est point reprise; qu'elle est seulement changée; qu'elle n'est qu'un essai, une ébauche, un apprentissage, s'il est permis de s'exprimer ainsi; qu'elle n'est qu'une introduction ou initiation à la vie réelle qui ne doit jamais finir? Que fait-on pour nous aider dans notre incrédulité (MARC, IX), pour mieux établir, pour consolider et motiver notre croyance, pour nous convaincre que nous ne sommes pas confondus avec la brute, et que nous ne descendons pas tout entiers dans la tombe?

Quant à l'*unité trine*, nous sommes fixés, nous diras-tu, par les conciles, et il faut respecter les décisions de ces augustes assemblées. Or, les prélats qui composaient celle de Nicée, plus obséquieux peut-être envers Constantin que fidèles observateurs du symbole apostolique, ont cru voir des *personnes* là où l'Église, dans ses beaux jours, voyait simplement des *attributs essentiels* d'un seul Dieu. Ils décrétèrent donc que *trois* sont *un* et qu'*un* est *trois*.

Déjà le tribunal réputé irréfragable avait prononcé contre plusieurs personnages qui se flattaient d'entrer dans les vues de la Divinité en regardant le Père comme l'Amour éternel, et le Fils ou le Verbe comme la Vérité divine, inséparable du Père, puisqu'ils ont une seule et même essence. N'importe, diras-tu encore, de saints évêques ont parlé. Cependant les hommes contre le sentiment desquels ils décidaient ainsi, forts de ces expressions claires et précises qu'ils trouvaient dans l'Ancien et dans le Nouveau-Testament : « Je suis le premier et le dernier, et il n'y a point d'autre Dieu que moi. (Isaïe, xliv.) Je suis ton Créateur et ton Sauveur. (*Ibid.*) Moi et le Père sommes un (une même chose). (Jean, xiv.) Je ne suis pas seul ; le Père est avec moi. Qui me voit voit le Père. » (*Ibid.*) ; et s'appuyant aussi sur les paroles de l'un des premiers oracles de l'Église naissante : « Dans le Christ habite corporellement la plénitude de la Divinité. » (*Coloss.*, ii), ils étaient loin de craindre d'être repris et condamnés.

Apparemment pour éviter ce jugement, que l'on dit être suggéré et dicté par le Saint-Esprit, comme s'il pouvait se contredire, tu souscris sans inquiétude et sans scrupule à la préférence donnée à des décrets et à des arrêts sur le texte divin. Comment justifier une telle inconséquence, tant d'inertie et si peu de zèle ? Quels reproches à ajouter ici à tant d'autres trop bien mérités ! Mais à quoi bon multiplier les reproches, si tu as résolu de persister nonchalamment dans un état voisin du polythéisme, si tu dédaignes de puiser à la source même des lumières qui t'empêcheraient de t'égarer ?

Cependant il est encore un autre blâme auquel tu ne saurais échapper non plus qu'à celui-ci. A cette opiniâtreté, à cet engourdissement moral vient se joindre une passion contre laquelle s'élevaient et tonnaient souvent Isaïe et Jérémie. Ils la remarquaient surtout dans les pré-

tres de l'ancienne loi, et il faut que nous ayons la dou-
leur de la retrouver avec toutes ses turpitudes dans la plupart des prêtres d'aujourd'hui! C'est donc une maladie in-
hérente au sacerdoce, une manie incurable qui entraîne
sans cesse leur cœur vers le gain, au point de rendre vénal
dans leurs mains *ce qu'ils ont reçu gratuitement;* de mettre
un prix à des choses inappréciables; d'établir et commettre
des hommes pour faire une sorte de commerce; enfin,
pour vouer à Dieu et à leurs frères leur ministère comme
un ouvrier loue son temps et ses bras. Ces mercenaires,
pour ne pas dire trafiquans, nous *fournissent* le secours de
leurs prières moyennant telle ou telle somme. Il n'y a pas
jusqu'à la triste circonstance de notre sortie de cette vie
qui ne soit pour eux une occasion de spéculer, oserait-on
dire de se réjouir? Quand on apporte dans les temples des
dépouilles mortelles, avant qu'elles soient rendues à la
terre, *ils se groupent comme des aigles autour du cadavre,*
suivant l'expression d'un évangéliste (Luc, xvii), et ré-
pètent solennellement, en l'acquit de l'âme qui vient d'entrer dans l'autre monde : *Des profondeurs de l'abîme j'ai
élevé la voix........* On aurait beau leur faire observer que
ce psaume cxxix a été composé pour des vivans, pour eux-
mêmes, s'ils sont, hélas! plongés au fond de l'océan du
Mal et du Faux, et submergés par des flots d'iniquités....
On les paiera.... ils sont contens et tranquilles; on priera
pour eux un jour. En attendant, ils prient par commission
et comme par métier pour ceux qui les devancent dans
l'éternité, et ils resteront asservis à la coutume, aux préjugés, à l'avarice.

Quoique nous n'ayons pas l'espoir d'être plus heureux
en nous adressant aux souverains (eh! qui sommes-nous,
pour oser faire des représentations à ceux qui se croient
les délégués de Dieu!), nous leur témoignerons le désir de
les voir concourir à ce qui pourrait amener pour eux-

mêmes et pour nous un résultat prospère de la révolution. Nous leur dirons avec le roi psalmiste : « Vous qui régnez, comprenez aujourd'hui. Vous qui jugez les habitans de la terre, instruisez-vous (ps. ii), afin d'apprécier les autres mortels et de vous apprécier vous-mêmes. » Puissiez-vous, pour y parvenir, renoncer à des préventions trop souvent injustes ! Puissiez-vous repousser certains préjugés et l'insidieuse adulation qui de son haleine infecte vient ternir le miroir de la vérité ! Il vous révélera que *vos* peuples respectifs, loin d'avoir contre vous des sentimens hostiles, ainsi que l'on veut vous le faire entendre, désirent pouvoir vous aimer ; que c'est un besoin pour eux. Voulez-vous vous en convaincre ? Reconnaissez et respectez franchement les droits qu'ils tiennent de la nature et des lois ; ils vous chériront, ils vous béniront. Mais affection pour affection ! Payez de retour. Vous êtes des hommes, et eux aussi sont des hommes. Vous n'êtes plus dignes de leur amour dès que vous leur refusez le vôtre. Pour aimer ses sujets, direz-vous, il faut s'abaisser à leur niveau et s'exposer à se compromettre. Non. Ils sont moins exigeans que vous le pensez ; et quoique l'amour ne soit réel et solide qu'autant qu'il est un sentiment réciproque, corrélatif, ils n'attendent pas de vous que vous les aimiez au détriment de vos majestés royales ou impériales. Ce qu'ils vous demandent pour leur prouver que vous répondez à leurs généreuses avances, ce n'est pas même que vous leur fassiez du bien, mais que vous ne souffriez pas qu'on leur fasse du mal en votre nom. Ce qu'ils réclament enfin, ce qu'ils implorent au nom de l'humanité, c'est qu'au lieu de les effrayer par des projets sinistres, par des menaces de destruction, par des préparatifs de guerre si ruineux pour eux, vous leur donniez, vous leur laissiez la paix. Nous ne parlons pas de cette paix illusoire, si souvent promise en vain, si longuement élaborée par un tatillonnage diplomatique et par une politique qui n'est que déception et un leurre odieux quand elle s'écarte de la justice et de la morale ; mais de la paix qui est une des conditions du bonheur de vos semblables, et dont vous êtes les garans ; d'une paix solide et permanente sous les auspices de laquelle ils puissent se livrer à l'étude des arts et des sciences, à leurs travaux, à leurs affaires publiques et particulières, profiter avec vous des fruits de l'industrie et des bénéfices du commerce pour assurer leur subsistance et la vôtre. Oui, dieux de la terre, votre subsistance, soit dit sans vous offenser. Eh! sans l'activité, sans le travail, les peines et les sueurs des peuples, que feraient, que seraient les rois? y aurait-il des rois?

S'ils existent, s'ils sont admis à régner, à gouverner avec la divine Providence, c'est pour être, à son exemple, humains et justes; c'est pour *passer sur la terre en faisant du bien*, comme a fait leur prototype; pour rendre aussi témoignage à la vérité et enfin être utiles à la société.

Ce dernier mot nous suggère des réflexions qui nous paraissent en quelque sorte le complément de ce qui précède ; réflexions qui ne sauraient être étrangères aux rois, puisqu'ils sont les principaux membres de la société, et qu'elle attend d'eux plus encore que de ceux qu'ils gouvernent ; non plus qu'aux prêtres, puisqu'ils sont ou doivent être l'emblème de la Charité, et que sans cette reine des vertus on verrait se dissoudre le système social. En effet, qu'estce que la société? Qu'est-ce que cette immense aggrégation qui couvre la surface de la terre? Un assemblage d'hommes réunis par leurs besoins pour travailler de concert à leur bonheur commun et à leur conservation, en sorte qu'il y ait continuellement entre eux échange de secours et d'affection que l'égoïsme ne détruise point ; qu'ils se plaisent à reconnaître que la bienveillance et la bienfaisance, dispositions dérivées de la justice, veulent que nous aimions les êtres de notre espèce, et que pour acquérir le droit d'exiger ou au moins d'attendre d'eux des services, nous soyons nous-mêmes disposés à les obliger. Ne reconnaît-on pas là un précepte évangélique? Qu'ils sont injustes et peu conséquens ceux qui se persuadent que pour se rendre heureux il ne faut penser qu'à soi; qu'on ne doit mettre en commun que le moins du sien qu'il est possible; que tout ce que nous faisons pour les autres est perdu pour nous; que nous ne devons contribuer que fort peu à la masse géné ale, et tâcher d'en retirer beaucoup! Ils sont cependant bien nombr ux aujourd'hui ceux qui pensent et agissent ainsi! Et l'on se plaindra de la direction des affaires, d'une entière subver ion, d'un malaise général!

L'homme de bien, l'homme qui raisonne et qui entend ses vrais intérêts, calcule tout autrement; il se dit : « Je désire d'être heureux; mais tous les hommes ont le même désir que moi. Celui qui veut être heureux seul et aux dépens d'autrui pourra-t-il, devr -t-il jamais l'être? » Il sait d'ailleurs, ce vrai sage, que les bienfaits provoquent les bienfaits; que l'amour attire l'amour; que la bonté, l'obligeance, la bonne foi, la probité donnent des droits sur les cœurs, et que le bonheur répandu par nous sur les hommes rejaillit souvent sur nous-mêmes. Il sait qu'il est avantageux et prudent d'avoir toujours présent à l'esprit ce conseil philanthropique du prince des fabulistes :

> Il se faut entr'aider, c'est la loi de nature ;

et que si on *fait bande à part* dans le pèlerinage de ce monde, dit un autre philosophe, on ne saurait se flatter de voyager avec agrément ou avec sûreté, et que l'on se trouve même dénué des secours les plus nécessaires. Il sait que de la fausse et monstrueuse supputation de l'homme qui ne vit que pour lui seul naissent bien des mécomptes et un grand désordre. Il sait aussi que pour les éviter il faut écouter d'abord la voix de la raison, et régler conséquemment sa conduite sur ce précepte fondamental de la nature, qui confondra toujours le plus féroce et le plus indocile des individus humains : *Fais pour les autres ce que tu veux que les autres fassent pour toi ; et ne fais pas contre les autres ce que tu ne veux pas que les autres fassent contre toi.* Grand et beau précepte confirmé et comme sanctionné par celui-ci : « Faites donc aux hommes tout ce que vous voulez qu'ils vous fassent. » (MATTH., VI.)

Ce n'est pas assez, ajoute le Législateur suprême, le Maître des moralistes : cet amour pour vos semblables est trop intéressé, trop entaché d'égoïsme ; efforcez-vous de l'épurer, de l'ennoblir ; aimez sans espérance de retour : faites plus, aimez ceux mêmes qui ne vous paieraient que d'ingratitude et de haine ; et votre récompense sera grande, puisque par là vous diminuerez tôt ou tard le nombre de vos ennemis, et que vous parviendrez *à être les enfans du Très-Haut, qui fait lever son soleil et tomber sa pluie sur les méchans comme sur les bons ;* puisque cet amour généreux, héroïque, vous fait passer d'une vie purement naturelle, sensuelle et animale, à la vie spirituelle, à laquelle doit tendre tout disciple du Fils de l'homme ; en sorte que la religion *élémentaire* pour ainsi dire et incomplète de la raison sert à vous initier à la religion parfaite et divine de l'Évangile. Effectivement, un de nos poètes qui était aussi orthodoxe que savant a dit :

La raison conduit à la foi.

Non que le lien sublime et précieux qui nous unit à Dieu, la religion, soit, comme le prétend le déiste, dépendante de la raison ; mais il paraît indubitable que cette raison, comme un véhicule naturel, insinue dans notre âme ce rapport merveilleux de Dieu à nous ; l'y dispose et l'entretient à l'aide de notre entendement, dont elle suit les progrès et le développement ; et surtout de notre bonne volonté, de cette heureuse inclination et sincère propension au Bien, à la droiture. Alors la science tout à la fois noble et simple de la religion nous est efficacement enseignée par l'Être qui peut seul prendre le titre de grand Maître. Et avec quelle bonté il daigne instruire et encourager chacun de nous, le roi comme l'individu le plus obscur !

« Je t'indiquerai, ô homme, dit-il par la bouche d'un prophète (MICHÉE, VI), je t'indiquerai ce qui est bon et ce que j'attends de toi ; c'est d'aimer la miséricorde, de faire ce qui est juste et droit, et de marcher constamment en la présence de ton Dieu. Tel est le fondement, telle est l'essence de la religion qui t'est recommandée. »

Et par l'organe de Moïse voici ce qu'il dit encore : « Afin qu'il n'y ait pour toi aucun prétexte de ne pouvoir atteindre à cette religion sans laquelle tu deviens presque étranger pour moi ; afin que tu sois dispensé de la chercher au loin et péniblement, voici que je la tiens à ta portée. Elle n'est point dans les cieux, pour qu'il n'y ait point lieu de dire : Qui montera pour nous aux cieux et nous l'apportera pour nous la faire entendre, afin que nous l'accomplissions ? Elle n'est pas non plus au-delà des mers, pour que l'on ne soit pas autorisé à dire : Qui traversera les mers et nous l'apportera, afin que nous l'observions ? Car elle est fort près de toi, dans ta bouche et dans ton cœur, afin que tu l'accomplisses.... Considère que je mets en ce moment devant toi, d'un côté la Vie et le Bien, et à l'opposite la Mort et le Mal. Choisis la Vie, si tu veux vivre. » (*Deutér.*, XXX.)

Oserions-nous bien nous plaindre quand nous entendons ce langage paternel ? Oserions-nous dire que l'on nous impose les devoirs d'un culte pénible et dispendieux ? Ne soyons pas ingrats ; reconnaissons que la sagesse éternelle facilite admirablement pour nous les moyens de nous rapprocher d'elle, et qu'il n'y a personne qui ne puisse mettre en pratique ce qui nous est indiqué et prescrit. Loin d'exiger que l'on élève en son honneur de somptueux et magnifiques édifices, et qu'il nous soit enjoint de nous y rendre en foule pour faire preuve de religion, elle nous dit : « Je n'habite point dans des temples bâtis par les mains des hommes. » (*Act. des Ap.*, VII.) Le ciel est mon trône, l'univers est mon temple. A quoi bon tant d'apparat, tant d'éclat? Quelle habitation vos faibles mains pourraient-elles me préparer? C'est moi-même qui suis l'architecte de celle qui peut me plaire ; et c'est dans votre cœur que je veux l'établir ; c'est là que j'agrée vos hommages ; c'est là ce lieu intérieur et particulier dont il vous est recommandé de fermer la porte dès que vous vous y êtes retirés pour prier le Père céleste. (MATTH., III.) Elle ne nous adresse point, pour apprendre à lui plaire et à lui obéir, aux hommes instruits dans la science que l'on appelle sainte, et que par des études toutes profanes on va chercher dans le ciel. Au contraire, elle nous avertit qu'il n'est besoin ni de théologiens ni de docteurs pour nous faire connaître sa volonté, si la notre est sincère. Elle ne nous annonce pas que, pour la servir avec plus de zèle et de ferveur, il faut être souverain pontife, prince de l'Église, riche prébendier, ou au moins béat enfroqué, ou agrégé à quelque confrérie, par exemple à celle de ces mortels fortunés qui se qualifient de *camarades* de Jésus ; qu'il faut porter un costume plus ou moins grotesque, et afficher la misanthropie. Au contraire, elle nous dit : Point de distinction, point d'ostentation : ne vous séparez point de la grande famille ; restez à portée de lui être utiles. N'allez point dans la retraite vivre pour vous uniquement. Ne soyez pas non plus religieux comme vous seriez médecins, avocats, militaires. Assez et trop long-temps la religion a été une profession, un état, une entreprise. « Je promets

bien d'être au milieu de deux ou trois personnes qui seraient assemblées en mon nom; » mais craignez la dissipa-
tion et le scandale d'une grande foule qui fait parade de
sa piété. N'affectez pas de vous attrouper comme pour former une croisade et marcher à la conquête du royaume
des cieux. « Il est dès maintenant dans chacun de vous,
si vous le désirez. Il s'agit de le conserver et d'en produire
les fruits. » (MATTH., XXI.) Or, vous le conservez par la vi-
gilance qui vous est tant recommandée. Vous le conservez
à l'aide de l'instinct divin, principe de religion que j'ai mis
en vous et que je veux voir aujourd'hui revivre. Quoi que
vous fassiez, il ne saurait jamais être entièrement anéanti;
mais il est affaibli, défiguré par vos passions et vos dérègle-
mens. Alors, comme le Bien et le Vrai, ou la vertu, sont
incompatibles et absolument inalliables avec le Mal et le
Faux, ou le vice, il y a nécessairement un combat violent.
De là cette fermentation dont vous cherchez actuellement
la cause, et qui excite en vous et autour de vous un si grand
désordre. De là en même temps l'extinction de toute religion, parce que le Seigneur n'est point, est-il dit dans
l'Écriture, là où il y a pareille commotion. De là enfin
l'abâtardissement de l'Église et le besoin urgent d'une régénération. C'est l'état où nous sommes maintenant; nous
ne pouvons en douter.

Oui, il semble, pour quiconque y réfléchit, que l'Éternel daigne, au temps où nous sommes plus que jamais,
nous faire lui-même entrevoir la source de notre mal moral, afin que nous y mettions incessamment un terme.
En effet, tandis que le mal physique nous affecte et nous
trouve bien sensibles, le Seigneur, ce premier ami de
l'homme, n'y voit qu'un moyen occasionel de nous faire
réfléchir mûrement sur ce qui cause et sur ce qui doit cou-
ronner nos peines. Nos plus affligeantes calamités, la *mort*
même, l'occupent moins que l'état de *mort* qui nous tient

éloignés de lui. Eh! que peut faire à Dieu la manière dont la vie du corps finit, quand il voit que nous pensons à peine à l'autre vie! Que l'on vienne lui parler de quelques Galiléens dont le sang a été mêlé avec celui de leurs sacrifices, ou que lui-même cite les dix-huit personnes sur qui est tombée la tour de Siloé, il ne voit dans ces accidens qu'une occasion de dire aux Juifs qui l'entourent : « Pensez-vous que ceux qui périrent ainsi fussent plus coupables que vous? Ils l'étaient peut-être beaucoup moins. Mais si vous restez dans vos voies obliques et ténébreuses, quand la vraie lumière vient vous éclairer sur les malheurs dont vous êtes menacés, et vous rappeler votre origine céleste, tel sera votre sort : vous périrez tous de la même manière. » (Luc, xiii.) Je veux vous faire entendre que la sécurité où vous êtes vous trompera; que vous serez arrêtés dans votre marche inopinément.

Et nous, aux jours néfastes qui sont à peine écoulés et qui nous laissent de si douloureux souvenirs, où nous voyions nos plus habiles médecins, tout docteurs qu'on les appelle, se demander entre eux comment ils pourraient échapper eux-mêmes à une épidémie d'une malignité et d'un caractère inouïs, qui semble n'être connue que de celui qui est réellement Docteur; fléau terrible qui s'étendait partout, frappait indistinctement celui qui était robuste et celui qui paraissait frêle et caduc, le jeune homme et le vieillard, le riche sous ses lambris dorés et le pauvre sous le chaume; aurions-nous osé penser que ceux qui étaient ainsi emportés fussent plus redevables que nous à la justice divine? Ne nous faisons pas illusion : c'était un avis d'un père qui veut arracher ses enfans à leur étourderie habituelle. L'heure de tant de victimes qui tombaient à nos côtés avait sonné, et notre Père commun, indulgent et patient beaucoup plus encore que nous ne sommes indolens, veut bien nous laisser « faire quel-

qûes pas de plus avec notre adversaire, et nous accorder
le tems de nous dégager de cet impitoyable exacteur. »
(Luc, xii.) Mais gardons-nous de nous croire privilégiés.
Comparons-nous à ce figuier emblématique pour lequel
on obtient un peu de répit. (Luc, xiii.) Bientôt notre fin
sera aussi un avis donné à ceux qui nous survivront. De
tout temps les hommes se sont ainsi avertis, surtout depuis
environ cinquante ans ; et par combien de genres de mort !
Ne serait-ce pas parce que Dieu veut, particulièrement
depuis cette époque mémorable, nous tirer d'une affreuse
léthargie pour nous faire entrer enfin dans une vie moins
malheureuse , dans une vie qui serait le résultat de cette
véhémente secousse que nous appelons révolution ? Ne
serait-ce pas parce qu'étant l'auteur de l'ordre, l'ordre
lui-même par essence et par excellence, il veut nous arracher à cette région brumeuse qui, suivant l'expression de
Job (ch. x), ne présente que misère, contradiction, ini-
quité, une anarchie mal déguisée, l'image de la mort,
une perpétuelle horreur, par la raison que chacun prétend y être son maître et sa providence ? Ne serait-ce pas
parce qu'il veut nous sortir du chaos où, sans un secours
surnaturel, nous serions réduits à nous débattre toujours
et en vain ? Ne serait-ce pas parce qu'il veut ramener sur
la terre la paix que jamais les mortels ne pourront donner,
mais lui seul ; et confondre la manie dont on a fait un art ;
art infernal, qui est bien plus funeste à l'espèce humaine
que le choléra-morbus, que tous les fléaux pestilentiels ?

Nous nous y attendons ; en parlant si défavorablement
de la frénésie belliqueuse, nous ne serons pas admis dans
les conseils de ces arbitres de nos destinées, qui, pour un
mot, substituent la guerre à la justice. Nous ne serons
point non plus d'accord avec ceux qui se plaisent à cueillir
des lauriers ensanglantés, et qui croient voir sur un champ
de carnage s'élever l'édifice de leur fortune ; car on ne

trouve pas toujours des généraux qui se distinguent par le désintéressement et la philanthropie autant que par leur bravoure. Il était réservé à notre modeste et illustre Gérard de faire entrer la civilisation dans les hasards et les furies de Mars; d'être, quoique toujours intrépide comme il le fut avec le grand capitaine, assez humain pour compter en quelque sorte et voir à regret couler les gouttes de sang que lui coûte une victoire. Enfin, c'est nous déclarer ouvertement contre la destruction systématique du genre humain; c'est blâmer hautement certaines gens qui, sans paraître stupides ou féroces, parlent des combats, des batailles, comme d'une partie de chasse, d'une battue; qui vous disent avec une ingénuité qu'on trouverait ridicule, si elle n'était barbare : « Que ne guerroie-t-on plus souvent! Les hommes se multiplieraient moins; il serait plus facile de les nourrir et de les gouverner. Il y a une exubérance effrayante de population. Il semble que la Providence se méprenne en laissant régner si long-temps la paix. Que deviendrons-nous? La terre produira-t-elle assez pour tant de monde? On se dévorera les uns les autres!.... » Voilà donc les hommes, qui sont créés à l'image de la Divinité, à peu près assimilés à des insectes importuns! Mais, assez blasphémé, assez outragé la nature et le sens commun. Rassurez-vous, âmes généreuses, cœurs sensibles! Chantez vos triomphes; allez dans vos temples rendre grâces au Dieu que vous oserez croire votre complice, puisqu'il vous épargne, tandis qu'il en laisse exterminer tant d'autres. Vos vœux sont exaucés : vous avez eu la guerre [1]. Vos armées ont fait périr des milliers de prétendus ennemis; mais le sang de vos conci-

---

[1] On pense bien qu'il n'est pas question ici de l'affaire d'Anvers; et d'ailleurs on sait à qui imputer la perte de tant de braves réunis là à d'autres qui furent aussi immolés il y a peu d'années.

toyens a coulé avec celui des étrangers, innocens comme eux. N'importe. Contemplez d'un œil sec, si vous le pouvez, vos villes embrasées, vos campagnes ravagées, ces monceaux d'hommes massacrés, mutilés, expirans dans des angoisses cruelles; tant de pères de famille, de parens, de fils, d'amis, d'enfans, de vieillards, autant de victimes inoffensives. Écoutez de sang-froid, s'il est possible, les cris, les plaintes des mères tombées avec leurs filles à la merci de vainqueurs effrénés; les gémissemens, les sanglots d'une foule captive, poussée, chassée brutalement comme un vil troupeau. Voyez votre ouvrage, vous qui conseillez, implorez la guerre, et vous qui cherchez à l'allumer. Par vos vœux atroces, vous avez, autant qu'il a été en vous, enrayé le char et embarrassé la marche de la révolution, qui tendait à son but; vous vous êtes opposés aux desseins du Dieu de paix. Vous avez contribué à tant d'horreurs, puisque vous voyez exécuter ce que vous désiriez; enfin vous pouvez vous regarder comme coupables de lèze-humanité.

Mais, s'il est vrai que vous ayez à vous reprocher un tel crime, commis sans intention positivement perverse ou par un entraînement diabolique, que dire de ces êtres puissans qui, par entêtement, par boutade, par vengeance et par une abominable perfidie, signeraient l'arrêt de mort de tant d'hommes qu'ils n'ont jamais connus; qui causeraient en même temps une épouvantable dévastation, et peut-être une conflagration universelle?

Que dire de plusieurs des nobles personnages appelés par le chef de l'état pour maintenir la pondération que l'on croit nécessaire dans notre constitution, et pour aider la France dans sa grande entreprise, et qui sembleraient épier l'occasion de faire, au moins indirectement, le procès à nos institutions constitutionnelles, et gémir à la vue de la place où fut trop long-temps cette gothique et or-

gueilleuse forteresse, tombeau des victimes de la féoda-
lité et du despotisme?

Que dire de ces hommes non moins nobles que des
pairs, puisqu'ils font aussi partie de l'élite de la nation,
étant délégués par nous-mêmes pour nous représenter et
stipuler nos plus chers intérêts, et qui se réuniraient
comme sur un champ de bataille, se diviseraient en plusieurs camps, et donneraient à leurs commettans le funeste exemple des dissensions, si contraires aux fins aux-
quelles nous devons tendre? Qui, loin de se concerter
pour élaborer et préparer les lois avec préméditation,
avec zèle et une attention consciencieuse, les feraient à la
hâte et souvent *ab irato*, comme l'Église faisait les siennes
dans les conciles? Qui s'oublieraient au point de perdre de
vue leurs sermens et les devoirs sacrés qu'ils ont à remplir? Qui, soit dit sans allusion, et sans manquer à ceux
d'entre eux que l'on voit se conduire en hommes d'honneur, capituleraient avec leur conscience, trafiqueraient
de leur vote, au risque de trahir la cause nationale et
d'éterniser la révolution; et cela pour un hochet, pour
un sourire, quand ils ne pourraient pas obtenir davantage?

Que dire de ceux qui, étant appelés à servir le prince
et leurs concitoyens, ayant par conséquent un si beau
rôle à jouer, prendraient, dès qu'ils auraient approché les
lèvres de la coupe du pouvoir, une marche que personne
ne peut suivre; méconnaîtraient le peuple, du milieu duquel ils viendraient de sortir; ne le regarderaient plus que
d'un air pédantesque, et se feraient volontiers un mérite
auprès du maître de s'être rendus impopulaires? Est-ce
donc ainsi que l'on sert patriotiquement la révolution?
Est-ce donc ainsi que l'on fait présumer quelle doit en être
l'issue?

Que dire de tant de Français perfides qui, oubliant ce

qu'ils doivent à la patrie, marchent sous la bannière de ses ennemis, c'est-à-dire d'une famille qui entrave autant qu'elle peut les progrès de notre régénération ; famille inconséquente que nous voyions il y a quelques années prendre à tâche de nous édifier, et qui maintenant, possédée du démon de la domination, et escortée de vagabonds, de brigands, de prêtres, Dieu sait quels prêtres ! vient, le fer et la flamme à la main, réclamer comme sa propriété un trône qu'elle a déshonoré, et autour duquel fume encore le sang de tant de citoyens ?

De ces brouillons qui, sous prétexte d'un plus grand bien de l'état, sont toujours prêts, soit à en renverser le chef par des émeutes, des conspirations, soit à s'en emparer pour le tromper à force d'intrigues, pour le rendre odieux, et parvenir sans doute à lui substituer un mannequin de leur choix, qui ne règne que pour eux, qu'il soit ou non appelé à remplir les vues de Dieu et celles du peuple ?

De ces esprits inquiets et turbulens qui, cédant à une impulsion qui vient souvent de loin et de haut, vont, en dépit de tout régime peut-être, criant dans les carrefours, *vive la république!* et qui *n'ont point d'oreilles pour entendre* quand on leur dit que ce mode de gouvernement est sans contredit une conception d'âmes élevées et vertueuses, une réalisation du principe de liberté et de la dignité humaine; principe qui pourra un jour sortir du monde idéal et entrer dans le monde réel, séduire les rois eux-mêmes et éclipser à jamais la royauté; ou quand on leur rappelle qu'à une horrible époque de son histoire la France a vu des républicains-tigres se jeter sur le pouvoir comme sur une proie que personne n'osait leur disputer, s'enivrer, se gorger de sang humain, se dévorer même les uns les autres, et nous prouver qu'une *république impromptu* est une émancipation la plupart du temps précoce, une utopie funeste qui ne peut que nous distraire, nous dissiper et nous retenir dans une révolution sans but, sans terme et sans dédommagement ; que plus ce régime semble se rapprocher de la nature, de la raison et de l'admirable gouvernement de la Providence, plus on doit le respecter, se garder de l'improviser, de le hasarder, et à moins qu'on ne puisse l'étayer sur la vertu et le garantir de toute anarchie ? Un de nos plus grands hommes, un héros que l'on admirera encore long-temps, a eu raison de dire que *la liberté et la république sont de trop haute origine et d'allure trop grave pour un peuple qui ne rougirait pas encore d'élever des autels au vaudeville et au calembourg.* Qui ne connaît les sentimens que long-temps avant Napoléon manifestait le philosophe génevois sur l'impatience des amis de la liberté républicaine ? « Je ris, disait-il, de ces peuples qui, le cœur plein de tous les vices des esclaves, s'imaginent que pour être libres il suffit d'être des mutins. Fière et sainte liberté, ajoutait-il, s'ils savaient à quel prix on t'acquiert et te conserve ; s'ils sentaient combien tes lois sont plus austères que n'est dur le joug des tyrans, leurs faibles âmes, asservies aux passions qu'il faudrait étouffer, te fuiraient avec effroi comme un fardeau prêt à les écraser. »

« Je n'aurais point voulu, dit ce partisan bien prononcé de la démocratie (*Disc. sur l'origine de l'inégalité parmi les hommes*), habiter une république de nouvelle institution, de peur que le gouvernement, autrement constitué peut-être qu'il ne faudrait pour le moment, ne convenant pas aux nouveaux citoyens, ou les citoyens au nouveau gouvernement, l'état ne fût sujet à être ébranlé et détruit presque dès sa naissance. »

Si nous nous permettions d'émettre notre sentiment, nous dirions : Ne semble-t-il pas aux Français qu'ils devraient se féliciter et se contenter en ce moment de ce

qu'ils viennent de ressaisir, et ne pas envier à leur posté-
rité les conquêtes qu'elle aura aussi à faire sur la torpeur
du *statu quo*, sur l'inertie et la tendance rétrograde? Ne
leur semble-t-il pas qu'il y aurait du danger à cueillir un
fruit qui ne serait point parvenu à sa maturité; qu'il serait
sage, au contraire, de mettre à profit ce conseil de Boi-
leau :

> Hâtez-vous lentement.......'
> Et ne vous piquez point d'une folle vitesse?

L'entreprise majeure qui nous occupe est toute autre
chose que l'art des vers. La paix et le commerce avant
l'enthousiasme et le grandiose! Des conquêtes! encore des
conquêtes! Ah! songeons avant tout à conserver celle qui
nous a tant coûté; ce signe qui est si éloquent, cet éten-
dard tricolore qu'un infâme servilisme a osé souiller, profaner; que le despotisme, dont il est l'effroi, nous a plus
d'une fois arraché des mains, mais que le roi de notre
choix, notre CONCITOYEN, dont il fait la gloire, doit désirer
de voir comme nous avec un plaisir toujours nouveau
(loin de nous toute crainte d'inconséquence et d'ingratitude), flotter triomphalement sur son palais.

Et d'ailleurs ne serait-il pas dans l'ordre de consulter
le Dieu puissant qui combat évidemment avec nous, ce
Dieu dont la volonté est que l'on ne précipite rien, que
l'on ne s'indigne pas contre les obstacles? Ne conviendrait-
il pas de réfléchir sur la manière dont il introduit les Hébreux dans le pays qu'il leur avait tant de fois et si long-
temps promis?

Enfin, que dire de ceux qui ne sont ni fonctionnaires
hautains ou peu fidèles, ni associés à des traîtres ou à des
conspirateurs; mais qui, tout entiers dans les sens et dans
l'amour d'eux-mêmes, livrés sans réserve à ce qu'ils appellent leurs affaires, sérieuses ou frivoles, leurs plaisirs,

ne pensent nullement à concourir et à contribuer au bien-être général, c'est-à-dire à un meilleur ordre de choses, auquel tous doivent aspirer ; pour qui le patriotisme, première des vertus morales et sociales, puisque c'est l'amour de nos concitoyens et du pays, n'est qu'un mot trivial et vulgaire auquel ils n'attachent aucun sens ; qui, l'ayant vu profaner tant de fois, ainsi que les mots *république* et *liberté*, par des individus immoraux et tarés, craindraient, pour ainsi dire, en le prononçant, de se paralyser la langue et de se flétrir les lèvres ; en sorte qu'ils se conduisent comme s'ils n'avaient point de patrie? Citoyens de nom ! Hommes nuls !

Quand arrivera donc et quel pourra être le terme d'une si longue perturbation, d'une révolution ainsi faussée, prolongée, entravée par une déviation continuelle, et par les faux calculs de la prudence humaine? Ne verra-t-on jamais à quoi doivent aboutir tant de secours, tant d'avertissemens salutaires de la part du Maître du monde ; tant d'entreprises, d'essais, d'efforts, de sacrifices de la part des hommes? Ne verra-t-on jamais succéder aux temps fâcheux où nous sommes des jours de consolation ? Il faut en convenir, on a bien lieu de se féliciter, de s'émerveiller même, quand on voit tant de secrets surpris à la nature en si peu d'années, de si belles découvertes des arts et des sciences. Cependant ces nouvelles et abondantes richesses, ces conquêtes du génie nous laissent encore beaucoup à désirer ; et entre autres objets de nos vœux, il en est un important après lequel toute âme honnête et bien née soupire : c'est une religion régénérée. Nous ne voyons que trop que celle à laquelle on s'en tient depuis long-temps est presque nulle aujourd'hui ; qu'il n'en reste qu'un simulacre qui n'offre rien de satisfaisant, rien de rassurant. C'en est fait ; elle arrive à sa fin. Ses ministres eux-mêmes en conviennent ; ils disent, dans leur consternation : « Sion est dans le deuil, parce qu'il n'y a plus personne qui assiste à ses solennités. » (Jérém., *Lament.*, i.) Ils pourraient ajouter : « La terre est dans la désolation, dans un état de détresse et d'anxiété, parce qu'il y a trop peu d'hommes qui réfléchissent, et que le cœur est étranger à ces réflexions. » (Jérém., xii.) Avec de la bonne foi et quelque sincérité, ils diraient encore : « L'Église, en laquelle nous avions tant de confiance, et qui prétendait que Dieu lui avait promis d'être avec elle jusqu'à la consommation du *siècle* (non des siècles), jusque dans l'éternité, ne se serait-elle pas abusée étrangement? Le *siècle* n'était-il pas l'espace de temps qu'elle persisterait à se maintenir Église de l'Éternel, et qu'elle serait digne de la protection de son Auteur? Ayant dévié, comme ses apologistes sont forcés de l'avouer, elle a décliné, elle périt, et entraîne dans sa ruine le rapport de Dieu à nous. Ainsi, plus d'Église pour l'homme ! plus de religion !

Encore, s'il dépendait de lui de les faire revivre ! ajouteraient-ils enfin. Mais il s'en flatterait vainement. « Si le Seigneur, dit David (ps. cxxvi), ne défend la ville, ne comptez point qu'en veillant seuls à sa garde vous arrêterez l'ennemi. Il s'en rendra maître et la détruira. » Vous voudrez la relever ; le même prophète vous prédit que, si l'architecte invisible ne travaille avec vous, votre construction n'aura aucune solidité. Il en sera de votre entreprise comme de celle des fils d'Adam, qui, bâtissant une tour qu'ils se proposaient d'élever jusqu'au ciel, finirent par ne plus s'entendre, parce que Dieu descendit vers eux pour traverser et condamner leur projet extravagant. Déjà, ce n'est plus seulement dans le champ de Senaar que les fils du premier homme ne s'entendent plus; la confusion des langues et la mésintelligence s'étendent sur tout le globe, et particulièrement sur la région qui avait l'initiative du rétablissement de l'ordre, du grand ordre que l'on a cru pouvoir annoncer par l'épigraphe de cet opuscule.

Que tel soit ou non le langage des hommes de l'Église expirante, il est trop vrai de dire que nous avons un extrême besoin d'une religion qui amène avec elle au milieu de nous la paix, la droiture, la franchise, la concorde, qui convienne et s'adapte à toutes les classes, à tous les rangs; qui rapproche et unisse les hommes, qui ne permette jamais de dire qu'elle n'est que pour les simples et pour le peuple; qui, enfin, par son influence bénigne, puissante et pure de fanatisme, nous aide à tout organiser convenablement, à tout régulariser dans le monde, de sorte que rien n'y paraisse abandonné ou attribué au hazard, mais que tout ce qui doit tendre à maintenir l'ordre soit réellement bien coordonné et ne s'écarte point des vues de la Providence; qu'ainsi les mots *culte*, *morale*, *sacerdoce*, *royauté*, *politique*, *législation*, *administration*, qui semblent maintenant, tant on en abuse, presque vides de sens, reprennent leur acception précise et honorable; que surtout le grand mot du jour, *civilisation*, exprime sans ambiguïté non seulement l'amélioration progressive de l'état social, mais aussi le désir sincère dans l'homme de reconnaître sa dignité et de s'élever au-dessus des choses sensuelles et terrestres.

Telle sera, nous devons l'espérer, la religion que Dieu nous prépare, pourvu que nous nous y préparions nous-mêmes. Il aime le genre humain : il ne le laissera point dans cette anarchie d'une religion arrivée à la décrépitude, et en nous tirant de cet état précaire et malheureux, il ajoutera un autre bienfait; il nous ouvrira un port où nous puissions nous réfugier et nous reposer. Mais qu'il est à craindre que la perversité trop commune de ceux qui nous jalousent et nous poursuivent, jointe aux passions de chacun de nous, ne nous éloigne encore de cet asile si désirable ! Qu'il est à craindre que nous ne soyons forcés de continuer une périlleuse navigation! Et sur quelle mer encore, grand Dieu! une mer de sang, où l'on a vu déjà tant de tempêtes et de naufrages! Nous sommes depuis trop long-temps jetés et ballottés sur les flots par des ennemis intérieurs et extérieurs. Quelques-uns de ceux-ci ont été repoussés; mais qui nous délivrera de ceux qui sont près et même au dedans de nous? Qui parviendra à détrôner les nombreuses cupidités qui nous tyrannisent, les amours de nous et du monde! amours intrus, bâtards, impurs, qui nous dégradent, qui basent leur empire sur une sensualité brutale et honteuse, sur des jouissances ruineuses et momentanées, sur la jactance et la fatuité, sur la fourberie et la déception, sur un vil intérêt; qui bouleversent tout, qui enfin nous prouvent péremptoirement qu'il y a un enfer. Effectivement, d'où sortiraient, sinon de *ce puits de l'abîme*, l'orgueil, la fierté, la ruse, le machiavélisme, les combinaisons sournoises et insidieuses de la politique, les trahisons, les projets d'extermination, l'attitude audacieuse et menaçante de la tyrannie, les prétentions anti-humaines du despotisme, les abus de pouvoir, les rapines, les parjures, l'insubordination sous le beau nom de liberté?

Il est bien difficile qu'une nouvelle doctrine et un nouveau culte apparaissent malgré cette cohorte satanique et l'affreuse désorganisation qu'elle entraîne après elle. Heureusement une pensée doit nous rassurer : c'est que le Ciel parvient toujours, en temporisant et en usant tout à la fois de ménagement et de sa puissance, à déjouer les projets infernaux :

> Celui qui met un frein à la fureur des flots
> Sait aussi des méchans arrêter les complots.

Tu reconnais, ô France, ou tu serais ingrate, s'il a déjà arrêté ceux que l'on a tramés jusqu'à ce jour contre toi.

Tu reconnais que, sans l'assistance de son bras, tu aurais enfin succombé ; et tu peux bien dire : « Si je ne suis pas anéantie, je le dois à une protection extraordinaire. » (Jérém., *Lament.*, iii.) Nous aimons à citer cet interprète du Tout-Puissant, parce qu'il semblerait nous avoir préparé des expressions analogues à ta position. « Tes ennemis nombreux et déchaînés, disait-il, il y a plus de deux mille ans, à une cité célèbre dont Dieu lui-même parle souvent, se sont avancés, la bouche ouverte et menaçante, pour t'effrayer ; ils ont fait entendre les sifflemens de l'ironie et de l'envie ; ils ont dit en grinçant les dents : *Nous la dévorerons*. Voici le jour que nous attendions ; il est arrivé, nous le voyons. » (*Ibid.*) Et toi, patrie tout à la fois de tant d'hommes confians, généreux, braves, et de tant de monstres, n'es-tu pas assaillie, harcelée depuis bien des années ? A l'intérieur, dans ton sein même, l'intrigue, l'ambition, l'aristocratie, le démagogisme, la cafarderie, la trahison, et ce qu'on appelle *la légitimité*, importune et absurde légitimité ; au dehors, la jalousie, la perfidie, une diplomatie inextricable et quelquefois cauteleuse ; tels sont les moyens d'attaques, tels sont les ressorts que l'on fait agir pour te nuire ; et tu entends aussi la tourbe de tes ennemis crier : *Nous la dévorerons*. Si elle n'est pas encore tombée sous nos coups, c'est parce que nous l'avons trop ménagée ; c'est parce que nous n'avons pas assez pillé, assez incendié, assez égorgé. Redoublons d'efforts ; appelons en même temps à notre aide la religion et le génie du mal, et enfin elle sera accablée. Cependant leur triomphe est incessamment ajourné, tandis que tu sors victorieuse des combats qu'on te livre. Tu dois toi-même en être étonnée, et penser que le Ciel a des vues sur toi. En effet, serait-il impossible que tu fusses, comme l'était la nation juive, appelée à garder et entretenir les précieuses étincelles d'un feu que le Seigneur veut rallumer ; à recueillir

et relever les débris, non d'une Église papale et toute politique, mais de l'Église divine? Sans doute ce serait une
tâche noble et belle! Puisse-t-elle être remplie dignement
chez toi! Tu serais glorieusement dédommagée, tu oublie-
rais tant de contrariétés et tant de vexations; enfin tu aurais mérité réellement le nom de grande nation.

Nous ne saurions nous empêcher de citer ici, pour t'encourager, un passage de l'apôtre-prophète. C'est un rap-
prochement admirable entre cette Église nouvelle et le
signe qu'il dit avoir vu : « Une femme environnée du soleil, et qui était enceinte, criait comme étant en travail et
sentant les douleurs de l'enfantement..... Un dragon s'ar-
rêta devant elle. » (JEAN, *Apoc.*, XII.) Que représenteraient
donc cette femme et ce dragon, sinon la doctrine pure et
céleste qui, suivant l'interprétation de quelques hommes
pieux et savans, doit surgir, mais qui a peine encore à se
faire jour, à percer le nuage des illusions, des erreurs, des
faussetés, que lui oppose la dépravation humaine, figurée
par un dragon?

Si quelqu'un ne pouvait voir cette citation que d'un œil
de pitié et en glosant, nous lui dirions, en faisant allusion
à Alcibiade et à Thémistocle : *Frappe,* dit celui-ci, *mais
écoute.....* *Glose, mais lis* ce qu'a écrit l'aigle de Meaux
sur la prophétie du disciple qui était chéri du Fils de
l'homme. Comme notre désir et notre but sont d'être
utile, nous copierons littéralement :

« Nous ne doutons pas, dit Bossuet, que l'Esprit de
Dieu n'ait pu tracer dans une histoire admirable une autre
histoire encore plus surprenante, et dans une prédiction
une autre prédiction encore plus profonde. Mais j'en laisse
l'explication à ceux qui verront venir de plus près le règne
de Dieu, ou à ceux à qui Dieu fera la grâce de découvrir
le mystère. Cependant l'humble chrétien adorera ce secret
divin, et se soumettra par avance aux jugemens de Dieu,

quels qu'ils doivent être et dans quelque ordre qu'il lui
plaise de les développer. Seulement il demeurera aisément
persuadé qu'il y aura quelque chose qui n'est point entré
dans le cœur de l'homme. Quoi qu'il en soit, il désirera
en tremblant de voir arriver bientôt le règne parfait de
Jésus-Christ, et il vivra dans cette attente. » (*Apocal. ex-
pliq.* Bossuet. Paris, 1691.)

Mais si on trouve qu'il y a trop de bonhomie et de cré-
dulité à s'arrêter à une vision et à ce commentaire conjec-
tural; si on ne peut croire que faiblement à ce qui fut inspiré et dicté dans l'île de Pathmos au disciple bien-aimé,
de manière qu'on hésite à partager le sentiment et la confiance du prélat, bien qu'il fût regardé comme l'honneur
et l'oracle du clergé français, un des pères de l'Église, il
y a dans notre révolution même des circonstances et des
événemens qui nous sont connus, et qui doivent porter
les esprits à réfléchir et à prendre une sage détermination
sur ses fins et sur son issue.

Un écrivain habile et impartial a exposé d'une manière
judicieuse et plausible ce qu'il y a à penser des principales
époques de cette révolution, et notamment dans les der-
nières pages de l'histoire qui vient de sortir de cette plume
élégante. Nous avons cru pouvoir extraire de cet ouvrage
quelques lignes qui sont relatives à l'une de nos grandes
crises révolutionnaires.

Selon M. Thiers, « la révolution, après avoir pris tous
les caractères, monarchique, républicain, démocratique,
prenait le caractère militaire, afin de se constituer solide et
forte. On gémissait de voir la liberté immolée par l'un des
héros qu'elle avait enfantés. Mais cette révolution qui devait nous donner la liberté, et qui a tout préparé pour que
nous l'ayons un jour, n'était pas et ne devait pas être elle-
même la liberté. Elle devait être une lutte contre l'ancien
ordre de choses (et selon nous un acheminement à *un*

grand et nouvel ordre) ; lutte violente qui n'admettait pas les formes et l'esprit de la liberté…. Quand le parti populaire devint si menaçant, qu'il intimida tous les esprits ; quand il se porta à tant d'excès, qu'il multiplia les coups d'état et les prisons, il n'y avait, il ne pouvait y avoir liberté : il n'y avait qu'un effort extraordinaire de passion et d'héroïsme contre un ennemi difficile à vaincre, contre une phalange nombreuse et redoutable. C'était l'hydre aux têtes toujours renaissantes. On trouva le gouvernement trop faible, trop modéré pour en triompher : on invoqua un bras puissant. Bonaparte revenant d'Orient fut salué comme souverain et appelé au pouvoir. Il fallait plus que des succès militaires ; il fallait une réorganisation de toutes les parties du gouvernement, et la France avait besoin d'un chef politique plutôt que d'un chef guerrier. La révolution de brumaire était donc nécessaire. Si on dit que le libérateur abusa du service qu'il avait rendu, il est permis de répondre qu'il venait achever une *tâche mystérieuse* qu'il tenait, sans s'en douter, du destin (n'oserait-on dire de la Providence?) Ce n'était pas la liberté qu'il avait à continuer, car elle n'existait pas encore. Il était appelé à continuer sous les formes monarchiques la révolution dans le monde. Tandis qu'il allait remplir cette *tâche profonde,* une nouvelle société allait se consolider à l'abri de son épée, et la liberté devait venir un jour. Elle n'est pas venue, dit l'historien. Elle viendra. »

Il ajoute, en homme décidé, et qu'on croirait inspiré, qu'il a tâché de saisir *les desseins de la Providence dans les grands événemens* qu'il a décrits, et qu'il a respecté *ces profonds desseins* dès qu'il croyait les avoir saisis.

Or, dire que l'on a tâché de saisir et que l'on a respecté *les profonds desseins de la Providence dans les grands événemens* que l'on a décrits, n'est-ce pas insinuer que la révolution doit prendre encore un caractère qui, selon ceux qui raisonnent, sera le complément des quatre autres, et sans lequel elle serait interminable et sans objet? N'est-ce pas même faire espérer que ce sera le couronnement de l'œuvre à laquelle tous auront dû plus ou moins franchement, plus ou moins efficacement mettre la main, mais qui attend celle du Maître? Nous serions bien trompé si ce n'était point là l'opinion de l'honorable écrivain.

Maintenant, après avoir présenté la base essentielle de la religion et du culte, après avoir considéré et fait envisager notre commotion révolutionnaire comme un moyen que Dieu, qui tire quand il lui plaît le Bien du Mal, daigne faire servir à repousser ce qui s'oppose à la renaissance de cette religion et de ce culte, nous irons au-devant de certaines observations que pourront nous faire nos lecteurs, si nous en avons quelques-uns. Il est possible qu'ils nous reprochent un ton de déclamation, un style d'homélie et nos fréquentes citations. Mais comment ne pas montrer quelque énergie, de l'indignation même à la vue des abus que bien d'autres que nous ont stygmatisés et déplorés? Comment, quand on entreprend de parler religion, ne pas employer des locutions religieuses, ne pas prendre nos inspirations, nos argumens, nos maximes dans les saintes et intarissables sources de l'Ancien et du Nouveau Testamens? Pour user de ces moyens, faut-il être missionnaire, convertisseur de profession et titré, ou prêcheur ambulant? Comment enfin ne pas aller dans cet arsenal sacré s'armer contre le vice et le crime? S'il est de ces grands précepteurs du genre humain, des génies transcendans qui ne goûtent et ne vénèrent point ces livres, le nôtre doit être peu de chose pour eux.... ils le laisseront..... Ils en ont un en eux-mêmes qui est ouvert incessamment. C'est un oracle véridique et impartial qui les avertira, dans l'intérêt de leur amour-propre, que , malgré leurs talens , leur mérite et leur célébrité ou leur morgue , ils courent les risques , en se déclarant contempteurs de l'Écriture , de se voir confondus avec les cœurs apathiques et rampans qui sont incapables d'atteindre à la noblesse des maximes et des vérités de cette divine Parole.

S'il est des hommes qui ne craignent pas de se compromettre en parcourant ce faible essai , et qui disent comme disaient sur les bords du Jourdain les peuples de la Judée, les publicains, les soldats : « *Qu'y a-t-il donc à faire?* Comment contribuer et parvenir à cette universelle régénération, à ce nouvel ordre de choses? » qu'ils écoutent la réponse du plus grand des hommes, du saint Précurseur : « Vous avez en abondance et plus qu'il ne vous faut pour vous vêtir et vous nourrir : jetez les yeux autour de vous sur ceux de vos frères qui meurent de froid ou de faim , peut-être de désespoir. On vous donne ce que vous devez recevoir : n'en exigez pas davantage. Vous êtes puissans et armés : ne maltraitez personne ; ne soyez ni injustes ni violens. » (Luc, iii.) Enfin votre conscience est là : vous savez si elle vous crie que vous faites fausse route, et vous écartez du port où il faut entrer. Que porte la loi? Comment y lisez-vous?

Non seulement on doit demander sincèrement à qui le sait ce qu'il faut pratiquer afin d'être utile à soi et aux autres, et de pouvoir remplir les vues du grand Être ; mais il est encore nécessaire de s'enquérir et de s'assurer de ce qu'il faut croire : et c'est à lui-même, c'est à ce Père des lumières que nous devons nous adresser : il nous enseignera mieux que tous nos docteurs, qui souvent ne s'entendent point, quelle foi, quelle croyance, quelle doctrine il convient d'adopter et de suivre. Il nous enseignera, chose bien essentielle au moment où nous sommes, que c'est la Vérité qui nous rendra libres (Jean , vii); que tout le système de la théologie chrétienne se résume en deux articles fondamentaux :

1° Qu'il y a un seul Dieu en une seule personne dans laquelle il y a une divine Trinité du Père, du Fils et du Saint-Esprit, semblable à la trinité humaine de l'âme, du corps et de l'opération procédante ; qu'ainsi Dieu est un en personne comme il est un en essence, et que quand on reconnaît cette unité absolue de l'Être divin, on ne voit dans le Père, dans le Fils et dans le Saint-Esprit que trois fois la même personne ou le même Être, en tant que Créateur, Rédempteur et Régénérateur ; en sorte qu'on ne voit qu'un Dieu toujours individuel dans les différentes circonstances où il lui plaît de se présenter et se manifester à notre esprit et à notre foi d'une manière plus directe, plus explicite, et pour ainsi dire plus analogue à ce que son amour infini daigne opérer pour l'homme, soit en le créant, soit en le rachetant ou en le régénérant.

2° Que pour ne point être exposé à se perdre, on doit non seulement croire au Seigneur, qui est ce seul Dieu et cette seule personne, mais encore vivre selon ses préceptes. Il nous enseignera enfin, et on le remarquera facilement, que tout homme de bonne foi et de bonne volonté peut, sans se mettre l'esprit à la torture, voir et se convaincre que la religion consiste dans la vie que l'on mène selon le Vrai de la doctrine, et que la vie de la religion est de faire le bien comme par soi-même, avec la persuasion toutefois que c'est le Seigneur qui opère. Or, voici sommairement ce que c'est que faire le bien :

Lire ou entendre et méditer la Parole de Dieu autant qu'on le peut.

Se soumettre à la volonté de la divine Providence.

Observer en tout la décence, et avoir toujours une conscience qui ne puisse nous rien reprocher.

Remplir fidèlement les devoirs de son état.

Tels sont en substance les points de doctrine, les préceptes, la quintessence, pour ainsi parler, de ce qui peut être appelé religion, de cette sublime relation qui élève l'homme jusqu'à la Divinité. C'est notre principal code, auprès duquel tous les ouvrages ascétiques, les traités de morale, les instructions, les mandemens de pontifes *tracassiers* et autres, les lucubrations pieuses, savantes ou philosophiques, ne sont que des mots plus sonores que consolans, combinés et agencés pour occuper, diriger, quelquefois amuser, abuser même le cœur et l'esprit. Comment donc ne pas donner la préférence au livre que nous tient toujours ouvert cette religion, qui, comme une mère soigneuse, nous recommande sans cesse les devoirs que nous imposent la nature, la raison, la justice, la probité et nos vrais intérêts? Comment penser si peu à cette religion de l'homme sage dans la circonstance où elle est et où nous sommes nous-mêmes! Ne dirait-on pas qu'elle n'est plus de mise, que c'est un objet trop minime? On n'en voit que trop la cause : les passions, les préjugés, l'exemple, tout l'efface. Habitués à l'identifier, à la confondre avec ses ministres, nous lui faisons partager l'animadversion et le mépris qui ne devraient tomber que sur ceux d'entre eux qui la compromettent. Et elle est abandonnée. Se promettrait-on de la remplacer par la politique, par les spéculations et par les amusemens? Mais la politique, avec ses beaux raisonnemens, ses finesses et ses graves jongleries, les spéculations avec leurs chances scabreuses, enfin les amusemens avec leur délire et leurs enchantemens, nous jettent dans le vague et dans un vide inquiétant où nous resterons plongés, à moins que le ferment et l'agitation révolutionnaires, unique ressource qui nous reste peut-être, ne nous en tirent, et ne nous déterminent enfin à rougir de notre vie nulle et de notre insouciance.

Nous croyons devoir terminer et conclure par une réflexion que chacun peut faire d'après ce que nous croyons pouvoir mettre ici sous les yeux de nos lecteurs, comme un avis qui nous paraît salutaire, et que nous empruntons d'un ouvrage d'une haute importance, qui n'a pas encore été apprécié [1].

« Si on nous demandait ce que nous pensons, dit l'auteur, que l'Évangile exige aujourd'hui de nous, nous répondrions avec ce même Évangile : « Aimez Dieu par-dessus tout, et le prochain comme vous vous aimez vous-mêmes : c'est à cela que se réduisent la loi et les prophètes. »

» Si on insistait, et que l'on voulût des détails sur la meilleure forme du culte extérieur, nous répondrions encore : « Commencez par établir dans vos cœurs bien solidement le culte de l'amour de Dieu et de l'amour du prochain, et alors ce culte se manifestera au dehors par les témoignages les plus naturels et les formes les plus appropriées, dans quelque communion que vous soyez, parce que dans toutes on peut servir Dieu en esprit et en vérité, et que l'on peut aussi par ses vertus édifier le prochain. »

En effet, peut-on ajouter, si les amours dangereux et condamnables de nous-mêmes et du monde, amours d'où découlent tout mal et tout faux, retardent et font pour ainsi dire ajourner ce que nous attendons avec tant d'impatience et qui assurerait notre véritable bonheur, ne doit-on pas croire que l'amour de Dieu et l'amour des hommes produiraient le contraire ? Oui, croyons-le bien, lorsque ces deux amours, seuls légitimes, seuls agréables au Seigneur, auront pénétré dans les cœurs et y domineront comme principes régulateurs de la vie, ils feront paraître et rayonner la religion pure, simple et divine dont nous avons à peine l'ombre ; et avec cette religion renaîtra le grand ordre qui semble s'annoncer : ordre qui sera l'ac-

---

[1] *Le Vrai Messie*. Chez Servier, rue de l'Oratoire, n° 6.

cord des volontés et des actions des hommes pour conspi-
rer à leur commune félicité; ordre qui établira la bonne
intelligence et l'harmonie entre les membres de tout corps
politique; ordre qui formera dans les sociétés générales et
particulières un concert dans lequel chacun remplira exac-
tement sa partie; ordre enfin qui sera conforme à la volonté divine, et ne saurait manquer de se consolider,
puisqu'il résultera nécessairement de l'influence et de l'a-
vénement de cet Esprit réparateur que le Très-Haut lui-
même veut *envoyer pour renouveler la face de la terre*
(ps. cIII).

MAGNUS RERUM NASCITUR ORDO.

FIN.